Dieses Buch möchte ich meinem Sohn widmen, denn obwohl er so krank war, steckte er uns alle mit seiner Fröhlichkeit und Lebenslust an.

Stephanie Körner

Leon – ein Kämpfer bis zum letzten Atemzug

Oder: Mein Leben mit einem Glasknochenkind

www.tredition.de

© 2013 Stephanie Körner

Umschlaggestaltung: Stephanie Körner
und tredition
Lektorat, Korrektorat: Saskia Schulte

Verlag: tredition GmbH, Hamburg
ISBN: 978-3-8495-0243-0

Printed in Germany

Ich bekam die Diagnose meiner Frauenärztin, als ich 16 Jahre alt war: „Sechste Woche schwanger!" Im ersten Augenblick fühlte ich mich hin- und hergerissen, allerdings nicht wegen meiner Jugend, sondern eher, weil ich nicht wusste, wie ich es schaffen sollte, ein Kind ohne Vater und ohne wirkliches Einkommen großzuziehen.

Meine Eltern waren, nachdem ich es gebeichtet hatte, natürlich nicht sehr erfreut darüber. Tina, meine Mutter, machte sich Sorgen um meine Zukunft, schlug eine Abtreibung vor und war nochmals verängstigt, als ich die Abtreibung verneinte. Meine Mutter wusste durch ihre eigenen Erfahrungen, was auf mich zukommen würde mit einem Kind, denn sie selbst war auch früh schwanger geworden, als sie 17 Jahre alt gewesen war. Tina hatte im Gegensatz zu mir in dieser Zeit jedoch einen festen Freund, mein Freund hingegen verabschiedete sich, als wir erfuhren, dass ein Baby kommen würde, es war aber für mich kein großer Verlust.

Im Grunde habe ich, stur wie ich eben bin, durchsetzen können, dass ich das Baby bekommen würde, egal was kommt. Ich und meine Eltern setzten sich gemeinsam an einen Tisch, noch am selben Abend, als ich vom Frauenarzt kam. Und wir besprachen das weitere Vorgehen, wie ich mir das vorstelle mit einen Baby und der Ausbildung. Doch wer kann schon mit 16 Jahren sagen, wie es zukünftig mit einem weitergeht? Kann man es überhaupt jemals? Wir waren uns nach einer halben Stunde Gespräch einig, dass wir zusammenhalten und das Baby gemeinsam versorgen würden, wenn es dann soweit ist.

In den ersten drei Monaten blieb ich noch zu Hause bei meinen Eltern. Meine Ausbildung zur Friseurin konnte ich wegen der Chemikalien, mit denen man in Kontakt kommen könnte, der Haarfärbemittel oder den Lockenwickler-Lösungen, nicht mehr weiterführen. Deswegen machte ich den Haushalt mit und parallel dazu half ich in der Gastronomie aus, wo meine Mutter schon seit 20 Jahre gearbeitet hatte, damit ich ein wenig Geld zur Seite legen konnte für die Säuglingsausstattung.

Unser Plan war, dass ich meine Ausbildung weitermache, Mama sich dann um das Baby kümmerte, im ersten Moment allerdings fand ich dies nicht gut, ich wollte mich selber ums Baby kümmern. Aber ich wusste auch, dass ich die Ausbildung brauchte für später, daher freute ich mich auf die Unterstützung meiner Mutter. Uns war klar, dass ich das Baby nicht in meinem kleinen Kinderzimmer großziehen konnte, deswegen suchten wir eine Wohnung für Mama, das Baby und für mich, denn meine Eltern lebten zur gleichen Zeit in Trennung.

Bis zum fünften Monat meiner Schwangerschaft war alles prima mit dem Baby, es war gesund und munter. Ich machte mir auch keine großen Sorgen, als meine Frauenärztin sagte, dass es ein sehr kleines Mädchen sein würde, warum auch, sind Mädchen nicht immer ein wenig kleiner als Jungen? Außerdem bin ich mit meinen 1,65 m auch nicht die Größte.

Im selben Monat noch ging ich auf eines unserer Straßenfeste. Erst wollte ich nicht hingehen, aber mein Bruder war der Meinung: „Auch Schwangere können sich amüsieren, du wirst schon schen, ohne Alkohol geht es auch!" Noch während er diesen Satz sprach, schob er

mich in mein Zimmer, zeigte auf meinen Kleider-
schrank, und ich wusste, ich hatte keine andere Wahl,
als mich anzuziehen und mitzukommen.

Heute danke ich meinen Bruder dafür, mich dorthin
geschleppt zu haben, denn dort traf ich meine Liebe fürs
Leben. Natürlich wusste ich zu diesem Zeitpunkt noch
nicht, dass dieser Mann, der so ordentlich einen Döner
gegessen hatte, als hätte er ein Messer und eine Gabel
bei sich, in meiner nahen Zukunft der wichtigste Teil in
meiner chaotischen und emotionalen Welt sein würde.

Da ich im eigentlichen Sinne nicht auf „Männersuche"
war, dachte ich mir zunächst nichts Besonderes dabei,
als ich diesem Mann in diskretem Abstand gegenüberstand. Er hatte eine blaue Bomberjacke, schwarze hohe
Springerstiefel und eine dunkle Jeanshose an, er trug
eine Glatze und hatte kleine, mandelförmige, freundli-
che Augen. Und wenn er lachte, formten sich seine Augen zu kleinen Schlitzen. Ich fand das sehr niedlich und
es machte mich auf den ganzen Mann neugierig.

Mein Bruder fragte ihn, ob er in der rechten Szene wäre,
da er so angezogen war. Doch Andreas, so hieß der
Mann, sagte nur: „Nee, meine Glatze habe ich wegen
der Pflege, das ist einfacher. Und die Klamotten mag
ich, ohne Hintergedanken!"

Die beiden Männer unterhielten sich und ich machte mir
währenddessen so meine Gedanken: „Schwanger im
fünften Monat! ... Gerade getrennt vom biologischen
Vater des Babys! Und jetzt dieser Mann, der mich neugierig auf mehr macht, wie kann ich diesen Mann an-
sprechen? Ohne dass es blöd oder überheblich klingt?
Oder ist es noch zu früh, einen neuen Partner zu haben?"

Da ich in meine Gedanken versunken war, bekam ich nicht mit, dass Andreas mich schon die ganze Zeit in Augenschein genommen hatte. Meine damalige Freundin stupste mich wieder in die reale Welt zurück und verriet mir, was sie die ganze Zeit beobachtet hatte, nämlich wie der Mann mich anschaute, er immer wieder versucht hatte, einen Blickkontakt zu erhaschen. Doch ich winkte ab, wollte es nicht glauben und vielleicht auch gar nicht wissen, denn ich dachte an meine Schwangerschaft und dass Andreas garantiert etwas Besseres zu tun hatte, als sich wahrscheinlich innerhalb der nächsten fünf Monate als Papa feiern zu lassen.

Ich musste meine Freundin schon regelrecht beruhigen, dass sie doch endlich mit ihren Hirngespinsten aufhörte, denn sie stichelte immer und immer wieder: „Schau doch mal, schau doch mal, er findet dich toll!" Langsam ging es mir auf die Nerven und ich wollte gerade gehen, als Andreas mir plötzlich direkt gegenüberstand.

Wir schauten uns an, sagten aber eine kleine Weile nichts. Mir kam die kleine Weile wie eine Ewigkeit vor, was er wohl wollte? Dann fragte er: „Darf ich dich in den Arm nehmen?" Ohne zu zögern stimmte ich zu, normalerweise ist das nicht meine Art, mich gleich dem nächstbesten Mann um den Hals zu werfen, doch bei Andreas war das Gefühl richtig. Wir gingen die Straße entlang und unterhielten uns. Es war schön, wieder jemanden zu haben, der so gut zuhören kann, ich flog in den siebten Himmel, dafür brauchte Andreas nicht einmal viel zu sagen, es war einfach ein magischer Moment. Ich habe Andreas sofort total vertraut, wollte gleich ehrlich sein und erzählte ihm von meiner Schwangerschaft.

Ich nahm meinen Mut zusammen, blieb auf der Straße zwischen Imbissbuden und Karussells stehen, schaute ihn an und sagte: „Ich muss dir … bevor das hier weitergeht … noch was sagen …", ich machte eine kleine Pause, „und zwar ich bin schwanger, im fünften Monat!"

Eigentlich hatte ich damit gerechnet, dass er sofort abhaut, dass er sich entschuldigt dafür, dieser Verantwortung nicht gewachsen zu sein, und für immer auf und davon wäre.

Doch ich sollte mich sehr täuschen. Der große, kahlköpfige, Springerstiefel tragende Mann strahlte von dem einen bis zum nächsten Ohr, dieser Glanz in seinen Augen war, als sei bei ihm im Kopf die Sonne aufgegangen und ein kleiner Strahl ließ seine Augen funkeln. Er freute sich wie ein kleines Kind über einen Lutscher, ich war etwas irritiert, wusste erst nicht, was ich sagen soll, daher blieb ich stumm, schaute ihn mit großen Augen an und fing dann doch an zu grinsen. Und freute mich einfach mit ihm mit.

Es war Anfang Oktober, als ich Andreas kennenlernte. Seine Familie habe ich dann schon ein oder zwei Wochen später, so genau weiß ich es nicht mehr, kennenlernen dürfen. Sie waren alle sehr nett, seine Mutter zeigte mir gleich ein Familien-Fotoalbum, ich schaute mir es ohne jeglichen Gedanken an, bis ich auf ein Foto stieß, das eine ältere Frau zeigte.

Die Frau trug eine Brille und papillotierte graue Haare, ich schaute mir das Gesicht an und dachte darüber nach, dass ich diese Frau doch aus meiner Ausbildungszeit kenne. Sie war jeden Mittwoch in unserem Friseursalon gekommen, um sich die Haare waschen und aufdrehen zu lassen, sie las immer die Klatsch- und Tratsch-Zeitschriften und trank dabei ein Glas Wasser.

Ich weiß nicht mehr genau, warum ich es nicht erwähnt hatte gegenüber der Familie. Doch ich behielt es für mich und nahm mir vor, erst einmal mit Andreas alleine darüber zu sprechen, ob es sein kann, dass diese Frau tatsächlich seine Oma war. Denn wenn es so war, hatte diese Frau mir genau von diesem Andreas ständig im Salon erzählt, ich erinnerte mich: „Das wäre ein toller Mann für Sie, Steffi, ein wirklich lieber Kerl!"

Irgendwann wollte ich, dass die Frau den Andreas doch einfach mal mitnimmt, um ihn mir vorzustellen, aber das ging wohl damals nicht und einen Grund hatte sie auch nicht nennen wollen.

„Willst du meine Briefmarkensammlung sehen?" Mit großen Augen schaute ich vom Fotoalbum zu ihm hoch. Ist er bescheuert, dachte ich, klar, Briefmarkensammlung, als ob ich diesen Spruch nicht kennen würde, statt Briefmarken anschauen landen wir dann im Bett.

Doch vertrauensvoll und ein wenig neugierig auf das, was kommt, folgte ich ihm in sein Zimmer. Ich setzte mich auf seine Couch, währenddessen kramte Andreas tatsächlich seine Briefmarken aus seinem Schrank und legte diese auf meinen Schoß. Ein leichtes Grinsen huschte über meine Lippen, Andreas bemerkte dies und fing an zu lachen, denn auch er verstand jetzt dieses Klischee von den Briefmarken.

„Sag mal, heißt deine Oma Frau Mildner?", fragte ich beim Anschauen seiner Marken. Andreas war ganz verdutzt.

„Ja, woher weißt du das?"

„Weil diese Frau während meiner Ausbildungszeit meine Kundin war!"

„Echt? Das gibt es doch nicht, meine Oma hatte mir immer von einen Mädchen erzählt, die in einem Friseursalon arbeitete, ich sollte sie immer kennenlernen, doch ich winkte ab, und erklärte, dass ich mir meine Frauen schon selber aussuchen könnte." Uns wurde klar, dass die Oma uns beide, die nun zusammen auf der Couch saßen, die wir uns reinzufällig getroffen hatten, gemeint hatte! Schicksal? Wer weiß es schon.

Andreas' Vater war sehr krank und lag in seinem Pflegebett nebenan im Wohn- und Esszimmer. Ich habe ihn nie kennenlernen dürfen, nur über Erzählungen konnte ich mir ein Bild von ihm machen und eben auch über Fotos. Denn als ich zu Besuch dort war, wollte ich ihn nicht wecken, er war am Schlafen und ich wollte ihn nicht stören.

Wilfried, Andreas' Papa, starb an einem kalten Dezembertag im Jahr 2002, es war kurz vor Weihnachten, das war zusätzlich schlimm, denke ich, und natürlich ein großer Schock für die Familie. Meine zukünftige Schwiegermutter musste sich nun statt um Geschenke um die Trauerfeier sorgen, es fiel ihr schwer, auch nur darüber zu sprechen und sich zu konzentrieren, um die Fragen zu beantworten, die der Bestatter ihr gestellt hatte.

Die Trauerfeier fand im engsten Familienkreis statt, ich kannte die meisten nicht oder kaum, fühlte mich ein wenig fehl am Platz. Trotzdem wollte ich für Andreas da sein, denn er hatte seinen Vater nicht mehr sprechen können, er war zu dem Zeitpunkt bei mir gewesen, deswegen fiel ihm der Abschied noch besonders schwer. Wilfried hatte kurz vor seinem Tod noch Andreas sehen wollen, und Andreas wollte jedoch erst am nächsten Morgen zu Papa fahren. Weil es da schon zu spät war, machte er sich lange diese Vorwürfe.

Ein paar Wochen „wohnte" Andreas noch bei mir in dem kleinen Zimmer, bis mein Vater sehr genervt davon war, dass wir gemeinsam im Zimmer lagen, uns unterhielten und auch mal lauter lachten. Mein Vater Stefan hatte schon immer einen leichten Schlaf, sodass er schon davon wach wurde, wenn man nur ins Bad ging.

Eines Abends schrie er aus der gegenüberliegende Küche ins Zimmer hinein: „Schluss jetzt, ich möchte, dass Andreas abhaut und seine Sachen gleich mitnimmt!" In mir kochte Wut hoch, denn diesen Mann wollte ich nicht mehr gehen lassen. Also entschied ich: „Wenn du gehen musst, komme ich mit dir!"

Schon am nächsten Tag, als meine Eltern zur Arbeit gefahren waren, packte ich meine und Andreas' kleine Habseligkeiten zusammen. Dann packten wir sie in die Autos meiner Schwiegermutter und deren Brüder, die wir vorher benachrichtigt hatten, dass ich nun in Andreas' kleine Kellerwohnung mit einziehen würde. Alle waren damit einverstanden und halfen fleißig mit beim Packen.

Meine Schwiegermutter hatte mich von Anfang an unterstützt und sie freute sich sehr für ihren Sohn. Nun war ich schon im achten Monat schwanger. Andreas und seine Mutter legten mir ans Herz, zur nächsten Ultraschalluntersuchung doch zum Arzt ins nächste Dorf zu fahren statt in die 38 Kilometer entfernte Stadt. Da ich meine Frauenärztin in der Stadt schon sehr lange kannte, wollte ich erst einmal bei ihr bleiben, bis das Baby auf der Welt ist, danach konnte ich ja immer noch wechseln. Ob Schicksal oder nicht – kurz bevor ich den Termin bei ihr wahrnehmen konnte, entschied ich mich anders und machte einen Termin bei dem Arzt im Dorf. Dr. E. begrüßte mich sehr freundlich, war auch sehr nett, trotzdem hatte ich ein mulmiges Gefühl. Vielleicht auch deswegen, weil mein letzter Ultraschall schon über drei Monate her gewesen war oder auch weil ich mit Andreas da war – genau weiß ich es nicht mehr, warum ich einen so sehr verkrampften Magen hatte, als würde ich gleich wieder mein Frühstück ans Licht bringen.

Wir saßen auf zwei Stühlen dem Doktor gegenüber am Tisch, er tippte etwas in den Computer ein und fragte mich ein paar Dinge. Er sagte uns, es wären die typischen Aufnahmefragen, die auch gestellt werden, wenn man in die Klinik kommt. Dr. E. fragte, nachdem wir die Formalitäten geklärt hatten: „Möchtest du deinen Zwerg sehen?"

Ich grinste und sagte: „Ja, gerne!"

Ich erhob mich vom Stuhl und folgte Dr. E. mit Andreas zum Ultraschall-Zimmer. Es war nicht sehr groß, hatte weiß gestrichene Wände, ein paar Bilder hingen an der Wand, es gab eine kleine Umziehkabine und eine Liege für die Untersuchung. Dort legte ich mich hin, machte meinen Bauch frei, eine große Kugel. Ich freute mich sehr auf das Kind und war gespannt, was der Arzt zu dem Baby sagen würde.

Im Januar 2003 zogen Andreas und ich in unsere erste gemeinsame Wohnung. Da wir damals nun nicht viel Geld hatten, waren wir froh, die Einrichtung größtenteils geschenkt bekommen zu haben. Ich freute mich auf das Kinderzimmer, es sollte schön bunt werden, wir entschieden uns für die blaue, mit gelben Sternen verzierte Tapete, und für die Wickelecke sollte es eine gelbe Tapete werden. Ein weißes Kuschelbett hatte ich auch schon bekommen, von einer Freundin meiner Mutter, sie hatte das Bett zufällig noch übrig. Passend zu der blauen Tapete kauften wir einen Himmel, Bettwäsche, Nästchen auch mit Sternen, ich richtete das Zimmer so gut es ging ein und schwärmte innerlich schon, wie es wohl werden würde, wenn das Baby hier auf der bunten Decke, selbst gestrickt von der Tante meines zukünftigen Mannes, liegen und brabbeln würde.

Jede Schwangere kennt das Gefühl, besonders wenn es das erste Kind ist: Es ist alles neu, aufregend und man kann es kaum abwarten, das Baby endlich in den Armen zu halten. Ich schwebte im siebten Himmel, hatte einen wundervollen Mann kennen und mittlerweile auch lieben gelernt, wir wohnten zusammen, er arbeitete als Gärtner, sodass ein wenig Geld reinkam. Es war schon fast perfekt, ich dachte, uns kann nichts mehr erschüttern, uns kann nichts passieren, wir sind stark, wir gehören zusammen, wir gegen die Welt. Doch unser kleiner Schatz in meinen Bauch hatte einen anderen Weg für uns geplant, einen Weg der Verzweiflung, der Tränen, der Angst, aber auch voller Hoffnung.

Dr. E. fragte mich, als er den Ultraschall angefangen hatte: „Hatte Ihre Frauenärztin irgendwas gesagt? Ist alles gut gewesen mit dem Baby?" Ich grinste und sagte: „Ja, sie war zufrieden, außer dass es ein sehr kleines Mädchen werden würde, sonst nichts, warum?"

Dr. E. schaute sich das Baby an, wurde in seinem Tonfall etwas sauer und dann flossen seine Worte wie starker Regen auf mich hinab: „Mit Ihrem Kind ist gar nichts in Ordnung, zu klein, zu groß der Kopf, der Brustkorb glockenförmig, Arme und Beine zu kurz!"

Bei jedem Wort aus seinem Mund wurde ich immer stiller und Tränen flossen mir über meine Wangen, ich schaute auf den Monitor, wo mein Baby zu sehen war, und merkte von der anderen Seite ein sanftes Streicheln.

Andreas konnte es nicht fassen, hatte große Augen bekommen und starrte nur auf Dr. E. Ich war irritiert von dem plötzlichen Zusammenbruch meines „perfekten Lebens", ich konnte es nicht sofort wahrhaben. Verdrängung und auch ein Selbstschutzmechanismus klinkten bei mir ein, damit ich nicht durchdrehte, nicht die Kontrolle über mich verlor. Denn die Kontrolle darüber, mein Baby zu beschützen mit gesunder Ernährung, ohne Alkohol, ohne Zigaretten, hatte ich schon verloren. Nach dem Abbruch des Ultraschalls lief es ab wie in einem Film, ich nahm meine Außenwelt nicht mehr wahr, weiß nicht mehr genau, welche Worte Dr. E. oder auch Andreas sagten. Obwohl ich direkt daneben saß, habe ich nur Wortfetzen mitbekommen: „noch mal abklären" ... „Bielefeld" ... „Frau Dr."... „sichergehen". Ich wollte die Zeit zurückdrehen zu dem Punkt, als ich noch glücklich zum Ultraschall ging. Ich dachte: Bitte lass mich aufwachen, das kann nur ein Albtraum sein!

Andreas und ich gingen nebeneinander schweigend aus der Praxis, meine zukünftige Schwiegermutter hatte im Auto auf der gegenüberliegenden Straßenseite auf uns gewartet. Ich stieg wortlos hinten ein, Andreas vorne neben Heidi. Sie startete den Motor, sie brauchte nicht viele Fragen stellen, um zu wissen, dass mit dem Baby irgendwas nicht stimmte.

Plötzlich überfiel mich meine Trauer, sie traf mich wie ein Schlag ins Gesicht. Ich fing an zu weinen, Hilflosigkeit überfiel mich. Andreas erklärte mir auf dem Nachhauseweg, was Dr. E. gesagt hatte: „Schatz, nun beruhige dich, wir wissen noch nichts Genaues, lass uns erst mal die Frau Dr. R. aufsuchen, dann wissen wir mehr!"

Ich fühlte mich, obwohl Andreas und Heidi und alle anderen zu mir standen, allein, denn ich hatte keine großen Hoffnungen, dass der Arzt Unrecht hatte, ich hatte da so ein Gefühl. Zu Hause angekommen, versuchte Andreas den anderen, die voller Vorfreude schon auf uns gewartet hatten, zu erklären, welche Befürchtung Dr. E. hatte. Und ich konnte mich einfach nicht beruhigen, weinte und weinte und wusste nicht, wie das weitergehen soll, wie wir das schaffen sollten.

Andreas und meine Schwiegermutter, sein Bruder und dessen Frau versuchten mich immer und immer wieder zu beruhigen, indem sie mir sagten: „Warte erst einmal ab, vielleicht hat Dr. E. ja eine falsche Diagnose gestellt, warte den Termin des Doppler-Ultraschalls ab."

Doch Hoffnung hatte ich nicht wirklich in den Wochen vor dem Doppler, ich hatte Angst und zog mich zurück.

Meine Schwägerin hatte ein Kind, ein kleines Mädchen, sie war zu diesem Zeitpunkt gerade acht Monate alt. Sie hatte große blaue Augen, blonde Fusselhaare, sie war ein kleines, zierliches Mädchen. Sie krabbelte ständig auf mich zu und versuchte sich immer an meinem Bein hochzuziehen.

Ich hatte einen kleinen Hass auf die Kleine, weil sie gesund sein durfte, krabbeln durfte, LEBEN durfte. Mein Baby hingegen würde krank und es war nicht einmal sicher, ob das Kind lebend geboren würde, ich fühlte mich ungerecht behandelt vom lieben Gott – wenn es ihn gegeben hätte, wäre mein Baby so wie das kleine Mädchen, gesund und munter.

Ein paar Wochen lang fühlte ich diesen kleinen Hass, diesen Neid gegenüber diesem unschuldigen Kind. Der Doppler-Ultraschall-Termin rückte immer näher und damit wuchs auch meine Nervosität. Andreas spürte dies natürlich und versuchte mich auf andere Gedanken zu bringen, indem wir viel draußen waren, entweder einfach nur spazieren gingen oder ein wenig Gartenarbeit erledigten.

Mit meinen Eltern hatte ich zu diesem Zeitpunkt keinen Kontakt, sie hatten sich gerade getrennt und ich hatte auch kein Bedürfnis, einen der beiden anzurufen, da ich das Gefühl hatte, es interessierte meine Eltern nicht. Da ich ohne das Einverständnis meiner Eltern von zu Hause ausgezogen war, wusste ich auch nicht, wie sie reagieren würden, wenn ich mich meldete.

Meine Schwiegermutter hatte mich trotzdem sanft dazu bewegt, meine Mutter anzurufen, um ihr zu erklären, was los ist mit ihrem zukünftigen Enkelkind. Ich rief also nach vier Monaten das erste Mal wieder bei meiner Mutter an. Nach einem kurzen Small Talk rückte ich dann mit der Sprache heraus, dass es meinem Baby nicht gut ginge.

Meine Mutter ist keine Mutter, die sehr sensibel oder gefühlvoll ist, eher ist sie eine Mutter, die unbedacht irgendwas in den Raum brabbelt. Dass sie mir damit weh tut, wenn sie sagt: „Ja, Steffi, weiß ich auch nicht was ich dazu sagen soll, ich habe selber hier Stress ohne Ende!", das merkt und meint sie nicht so.

In dem Moment, nachdem ich aufgelegt hatte, erwachte in mir der Kampfgeist. Ich wollte kämpfen für mein Kind, und ich fühlte, wir werden das schaffen!

Im Wartezimmer von Frau Dr. R. bekam ich meine Nervosität kaum mehr in den Griff. Ich fragte Andreas immer wieder: „Meinst du, Dr. E. hatte recht?" Eine wirkliche Antwort bekam ich von meinem Schatz nicht, aber das brauchte ich auch nicht, denn ich wusste, dass wir die Diagnose gleich sowieso erhalten werden, und dann würden wir weitersehen. Knapp eine Viertelstunde des ungeduldigen Wartens später kam eine junge Frau, klein, zierlich, mit braunen Haaren, auf uns zu. Sie sprach mich gleich mit meinem Namen an: „Stephanie Höke?" Als ich nickte, sagte die Frau im selben Atemzug: „Kommen Sie bitte mit?"

Wir gingen einen langen Gang herunter, an fünf verschiedenen Untersuchungsräumen vorbei, wir gingen weiter bis zum letzten Raum, den man vom Eingang der Praxis aus nicht bemerkte. Dort bat die Frau uns herein, und wir setzten uns hin.

Die Frau, die uns aufgerufen hatte, war auch die Frau Dr. R., sie stellte sich uns nun vor, gab uns die Hand, nahm die Akte aus der Tasche, die sie wahrscheinlich

vorher von meinem neuen und alten Frauenarzt bekommen hatte.

Sie las ein Weilchen, schaute uns an und sagte ganz
vorsichtig: „Dann lassen wir uns mal schauen, was mit
deinem Baby ist!" Zitternd legte ich mich auf die Liege,
es wurde dunkel, Frau Dr. R. hatte das Licht ausgeschal-
tet. Sie erklärte, dann könne sie besser sehen, was sich
da auf den Ultraschallbild zu erkennen geben wird.

Im Raum wurde es plötzlich mucksmäuschenstill, nur
noch ein leichtes Atmen konnte ich ausmachen. Andreas
nahm meine Hand und streichelte sie, wahrscheinlich
auch um sich selbst zu beruhigen, um nicht den Halt zu
verlieren. Wir schauten alle drei gespannt auf den Monitor. Frau Dr. R. sagte eine Weile nichts, konzentrierte
sich voll und ganz auf das Baby auf dem Monitor. Es
lag mit dem Kopf nach unten, bereit für die Geburt, es
war bei dem Ultraschall ziemlich am Treten und am
Boxen, ein gutes Zeichen. Ich hatte den Kleinen – wie
wir bei Dr. E. erfahren hatten, würde es ein Junge werden – schon etwas länger nicht gespürt. Frau Dr. R.
sagte mit leiser und trauriger Stimme, dass sie die Diagnose von Dr. E. leider bestätigen müsse. Ich schaute
ihr in die Augen und nickte nur.

In dem Moment sah ich, dass die Ärztin Tränen in den
Augen hatte, ich war verblüfft von ihrem Verhalten, sah
Andreas an und auch er hatte leicht nasse Augen. Ich
setzte mich am Rand der Liege hin, rollte meinen Pulli
wieder herunter, stieß mich von der Liege ab und wir
setzten uns nach der Aufforderung der Ärztin wieder auf
die Stühle.

Was unser Baby genau hat, konnte sie uns nicht sagen.
Sie hatte auch die Blutzirkulation des Kindes ange-

schaut, und das sah gut aus, das Herz des Kindes schlug auch sehr kräftig, so wie es sein sollte. Allerdings warnte sie uns: „Nur weil es dem Baby im Bauch gut geht, heißt es nicht, dass es dem Baby auch außerhalb des Bauches gut gehen wird, wir wissen nicht, ob es das Kind überhaupt es lebend auf die Welt schafft, wir wissen erst mehr, wenn der Kleine da ist, dann werden wir weitersehen. Es tut mir sehr leid für euch, ihr seid nun auch noch sehr jung!"

Den letzten Satz deutete ich erst als einen Trost, da ja noch eine Chance auf ein zweites Kind bestehen würde, wenn es mit dem ersten Kind nun doch schiefging. Doch nun hatten wir die Gewissheit, dass wir ein behindertes Kind bekommen würden, ich war 17 Jahre alt, Andreas war gerade 20 Jahre alt geworden. Aber welche Krankheit würde dieses Kind haben? Das war das große Rätsel, das auch nicht allzu schnell beantworten werden konnte, da mussten wir tatsächlich warten, bis der kleine Mann da war. Am Abend, als ich zur Entspannung in der Badewanne lag, blätterte Andreas in einer Zeitschrift herum, wir unterhielten uns über einen Namen für das Baby. Da ich am Anfang der Schwangerschaft dachte, es würde ein Mädchen, hatte ich natürlich nur Mädchennamen herausgepickt. So einige gefielen mir, aber bei einem Namen bin ich hängengeblieben: Aileen! Ja, so sollte das Kind heißen, wenn es ein Mädchen sein würde, aber ein Junge? Darüber habe ich mir noch keine Gedanken gemacht. Während ich ihm dies erzählte, blätterte Andreas weiter in der Zeitschrift herum, bis er plötzlich sagte: „Ich habe einen Namen!"

Am 25. Februar 2003 wurde auf natürlichem Wege um 3.44 Uhr unser Leon geboren. Er war tatsächlich sehr klein und zierlich, aber sah für mich äußerlich ganz normal aus, normal entwickelte Arme und Beine, keine Auffälligkeiten. Zumindest war das mein Eindruck, als ich Leon das erste Mal im Arm hielt.

Andreas bekam den Kleinen als Erstes in den Arm gelegt, er war ganz vorsichtig und sehr behutsam, damit das kleine Köpfchen nicht vom Arm rutscht. Als ich fertig war mit Nähen und Anziehen bekam ich dann endlich auch Leon in den Arm. Nach fünf Minuten kuscheln mit dem Baby nahm mir eine Krankenschwester das Kind aus den Armen, sie sagte zu mir: „Wir müssen das Kind untersuchen, ob alles okay ist!"

Schweren Herzens gab ich den Kleinen in die Obhut der Schwester, währenddessen wurde ich schon auf die Wochenstation verlegt. Mir kam das nicht merkwürdig vor, denn da es mein erstes Kind war, war mir damals nicht klar, dass dieses Verhalten nicht der normale Gang einer Geburt war, aber das sollte erst der Anfang sein.

Andreas fuhr mit der Straßenbahn nach Hause. Da er sich in der Stadt nicht auskannte, musste er sich durch meine vorherige Erklärung leiten lassen. Er kam ziemlich müde und erschöpft nach Hause, aber auch unendlich glücklich und stolz auf seinen ersten „Sohn". Nach dem Essen wollte er sich eigentlich ein bisschen ausruhen und ein wenig schlafen, um neue Kraft zu sammeln.

Doch da hatte er die Rechnung ohne meinen Bruder gemacht, denn der stand plötzlich mit einer Kiste Bier vor der Tür und rief: „Herzlichen Glückwunsch, Pinkelparty". Andreas kratzte sich am Kopf, grinste und sagte: „Danke!" Er ließ meinen Bruder herein. In der Küche setzten sich die beiden hin, Andreas sah man die Strapazen der letzten Stunden noch im Gesicht an, er hatte vielleicht zwei Stunden geschlafen, bevor es mit der Geburt losging. Mein Bruder wollte alles wissen, wie es war und wie es mir ging. Andreas erzählte ihm soweit alles, was er wusste, und sie nahmen sich vor, mich auf jeden Fall in der Klinik zu besuchen.

Ich lag nächsten Morgen schon gegen 7 Uhr wach, ich schlug die Augen auf und musste erst mal überlegen, was letzte Nacht passiert war. Im nächsten Augenblick trat schon eine Krankenschwester ins Zimmer ein, die mich daran erinnerte: „Ihrem Baby geht es soweit gut!"

Ich hatte wohl letzte Nacht oder in den letzten paar Minuten eine Bettnachbarin bekommen, denn da, wo letzte Nacht noch ein freier Platz gewesen war, lag nun eine auch sehr junge Frau links neben mir. Die Krankenschwester schob ein kleines Bettchen hinter sich her, im ersten Moment dachte ich, es wäre mein Leon darin, doch das Baby gehörte meiner Bettnachbarin. Ich hatte gehofft, dass mir anschließend jemand erklärt, wo mein Baby ist, doch da hoffte ich vergebens.

Denn die Schwester machte, nachdem sie das Baby zur Mama ans Bett geschoben hatte, auf dem Absatz kehrt und verließ ohne Worte das Zimmer. Verzweiflung und Trauer, aber auch Angst und Wut kamen in mir auf, ich stellte mir in meinen Kopf Fragen wie: Wo ist mein Kind? Geht es ihm gut? Warum bekomme ich mein Baby nicht? Die letzte Frage hatte ich wohl unbemerkt laut gestellt, denn die Frau neben mir gab mir eine Antwort und sagte: „Ich denke, ein Arzt wird dir sicher gleich bei der Visite etwas sagen!"

So lange konnte ich nicht warten, ich streifte mir meine Hose und Pullover über, das OP-Hemd schmiss ich auf das Bett. Nachdem ich meine Schuhe angezogen hatte, nahm ich die Rasselkatze – ein Babyspielzeug mit Katzenkopf, der Körper ist wie ein Ring geformt, da rasseln Kugeln drin. Die Rasselkatze hatten Andreas und ich Leon noch vor der Geburt gekauft.

Dieses Krankenhaus war mir völlig fremd, daher kannte ich mich nicht aus. Und so war ich auf Hilfe von Menschen angewiesen, die mir den Weg zeigten zu dem Ort, wohin die kranken Babys gebracht wurden. Draußen auf dem Flur sah ich weder Schwestern noch einen Arzt oder sonst jemanden, also musste ich meine Informationen über die Tafeln und Schilder suchen, die an den Wänden oder an den Decken mit einen stabilen Draht befestigt waren.

Rechts von mir lag ein sehr langer Flur und links sah ich ein Schild mit einem Pfeil, das nach rechts zeigte, da stand: ZU DEN AUFZÜGEN! Ich drückte auf den Pfeil, der nach unten zeigte. Mein Gedanke war, dass ich im Fahrstuhl sicher einen Anhaltspunkt finde, der mich zu einer Informationsstelle bringen kann. Tatsächlich gab es eine Information, woraufhin ich, als die Türen vom Fahrstuhl sich im Erdgeschoss öffneten, gleich meinen Blick schweifen ließ und fündig wurde. Mit klopfendem Herzen ging ich auf die Empfangsdame zu, die gerade eilig am telefonieren und gleichzeitig am Papierkram sortieren war.

Es dauerte ein paar Minuten, bis sie mich bemerkte, dann legte sie den Hörer auf die Gabel und fragte: „Was kann ich für dich tun?"

„Ich habe letzte Nacht ein Baby bekommen, und ich weiß nicht, wo es ist."

„Wie heißt das Baby denn?", fragte mich die mollige, hilfsbereite Frau. Die Dame erklärte mir ein wenig hektisch den Weg zur Kinderklinik. Ich verstand nur, dass ich aus dem Krankenhaus gehen musste, und dann würde ich schon links von mir ein Schild in ein paar Meter Entfernung sehen, da müsste ich dann noch mal fragen, wo der Kleine ist.

Allerdings war ich so aufgeregt, dass ich das Schild übersah und daran vorbeiging, erst beim dritten Mal sah ich dieses riesige Schild: KINDERKLINIK. Mein Herz blieb fast stehen. Erst jetzt wurde mir richtig klar, dass Leon nicht gesund war, wie ich es im Kreißsaal noch dachte. Langsam lief ich den kleinen Hügel zur Klinik hoch, rechts, einmal über eine Straße, kam ich direkt auf die Eingangstür zu, dieses Krankenhaus war nicht so groß wie die Frauenklinik. Die Eingangstür schob sich leise quietschend auf, links direkt an der Eingangstür war schon die Information, welche mir die Empfangsdame in der Frauenklinik beschrieben hatte. Ich sprach leise, aber verständlich die Frau an der Information an: „Wo liegt Leon Höke?"

„Auf der Neugeborenen-Intensivstation im vierten Stock, hinter Ihnen ist eine Glastür, da kommen Sie hin", sagte die Frau und widmete sich wieder ihrer Arbeit.

Die Treppen zum vierten Stock hochzulaufen war wie Bergsteigen für mich, meine Knie waren wie Pudding vor Aufregung und auch vor ein wenig Angst vor dem, was mir wohl bevorstand. Auch schmerzte mir der Unterleib, aber ich wollte nicht noch länger warten, bis mir jemand sagte, wie es Leon ging, sondern ich wollte mich selber davon überzeugen.

Die Neugeborenen-Station lag direkt vor mir, als ich die Glastür aufdrückte. Eine dicke, weiße Metalltür lag links von mir und vor mir war eine große, bunt bemalte Glasschiebetür, die nur von innen aufzumachen war, also schaute ich mich um, um irgendeine Klingel zu finden, denn auch die weiße Metalltür war verschlossen. Ich sah die Klingel und drückte darauf, es dauerte sehr lange, bis jemand an die Tür kam, erst wollte ich wieder gehen, als die Tür sich von innen öffnete und mich eine kleine, leicht pummelige Frau fragend ansah: „Kann ich was für Sie tun?"

„Ich wollte zu meinem Sohn Leon Höke!"

„Ah ja, Sie sind die Mutter?"

„Ja", antwortete ich und durfte eintreten. Die Krankenschwester erklärte mir erst, was ich zu beachten hatte, wenn ich die Intensivstation betrete, Hände desinfizieren, Schmuck abnehmen, Kittel anziehen. Als ich das alles getan hatte, wurde ich unsicher, ob Leon seine Stofftiere haben durfte, und fragte daher nach: „Darf ich Leon seine Stofftiere geben oder ist das nicht gut?"

„Doch, die darf er haben, wir desinfizieren die Tierchen gleich und dann ist das okay."

Freundlich und hilfsbereit zeigte mir die Schwester, in welchem Inkubator mein Sohn lag, denn die Inkubatoren sahen alle gleich aus. Sie waren in einem Halbkreis nach vorn gerichtet gestellt, überall blinkten und piepten die Geräte, die den Babys Sauerstoff oder eine kontinuierliche Beatmung gaben. Heute weiß ich, es waren viele Oxyshuttles, die den Sauerstoffgehalt und den Puls der Babys maßen. Leon lag auf dem Rücken, bekleidet nur mit einer Pampers, an seiner winzigen Brust klebten

Sensoren des Oxyshuttles, in seiner Nase war ein dünner, langer Schlauch gelegt, der unter seinem Näschen mit weißem Leukosilk fixiert worden war.

Ich stand nur neben dem Inkubator und starrte Leon ganz überwältigt an. Er war so süß und winzig, sehr winzig, manche Frühgeborene waren schon größer als er. Aber mir fiel auf, dass bei dem Kleinen alle Finger und alle Zehen vorhanden waren und er lange Arme hatte. Es war nicht, wie Dr. E. erst gesagt hatte, dass Leon zu kurze Arme haben würde. Das konnte ich nun, wo ich ihn sah, nicht bestätigen, nein, alles sah normal aus. Da freute ich mich so sehr, dass ich grinsen musste. Mein Blick schweifte immer wieder über den kleinen Körper, über das kleine Wunder meines Lebens, erst dann blieb mein Blick auf Leons Beinchen hängen. Er hatte keinen wirklichen Oberschenkel, dadurch war das Kniegelenk weiter oberhalb des Beines als normal und die Unterschenkel waren sichelförmig nach innen gebogen.

Im selben Augenblick schaute ich nur kurz in Leons Gesicht und ... da ...! Er hat die Augen aufgeschlagen ...! Ich war so überwältigt und so stolz, das ich ihn am liebsten in den Arm genommen hätte. Seine Augen waren dunkelbraun, das Auffällige war, dass seine Skleren nicht weiß waren wie bei uns, sondern dunkelgrau.

Es kam ein Arzt auf mich zu, sprach mich an: „Hallo Frau Höke, ich heiße Dr. H. und behandele den Kleinen!" Wir gaben uns die Hände, er war groß und schmal gebaut. „Haben Sie irgendwelche Fragen?"

„Ja, dürfte ich den Kleinen auf den Arm nehmen?"

„Ja sicher, ich hole eine Schwester!"

Mir kam es vor, als sei die Krankenschwester nicht allzu sehr von der Idee überzeugt gewesen, dieses Kind aus dem Inkubator zu nehmen, doch ich setzte mich auf einen Stuhl, der neben dem Inkubator stand, dann bekam ich ein Stillkissen, das ich mir auf den Schoß und teils auf meinen Arm legte, da wo das Köpfchen von Leon hinkam. Leon wurde in ein Tuch gewickelt, damit er nicht fror, und dann legte sie den kleinen Spatz in meine Arme. Ich fühlte, dass er doch schwerer war, als es schien, und war überglücklich, ihn zu haben. Ich streichelte sein Gesicht und nahm seine zarten Fingerchen in meine Hand, die im Gegensatz sehr groß wirkte. Ich genoss die Minuten mit meinem Baby sehr, ich realisierte es noch nicht ganz, dass dieses Baby wirklich meins ist, es war ein unbeschreiblich tolles Gefühl.

Dr. H. kam wieder auf mich zu, kniete sich vor mir hin, strich Leon über seine Fusselhaare und klärte mich auf: „Wir wissen noch nicht, was Ihren Schatz fehlt, wir telefonieren schon überall herum, in England haben wir einen Spezialisten gefunden, der uns weiterhelfen könnte! Dürfen wir von Leon Röntgenbilder zum Spezialisten schicken, damit wir genau sagen können, was dem Kleinen fehlt?"

Ich nickte nur leicht: „Natürlich, Hauptsache wir wissen, was ihm fehlt!" Dabei schaute ich nicht den Arzt, sondern Leon an.

Überglücklich und stolz lief ich wieder zurück zu meinem Zimmer. Als ich dort ankam, platzte schon die Krankenschwester, die mir morgens noch gesagt hatte, dass ich wegen Gefahr eines Blutsturzes nicht aufstehen durfte, ins Zimmer herein und fragte mich, wo ich denn gewesen sei. Ich blieb ruhig, obwohl ich vor Wut hätte platzen können, und sagte: „Ich war bei meinem Sohn, es wollte mir sonst keiner sagen, wo er ist!"

Die Schwester schaute mich wutentbrannt an: „Eine Katastrophe, eine Patientin haut einfach in die Kinderklinik ab! Das werde ich melden!"

Ich grinste nur und sagte: „Viel Spaß dabei!"

Andreas kam mich am selben Nachmittag besuchen und ich erzählte ihm, dass die Ärzte noch nichts Genaues darüber wissen, was unserem Kleinen fehlt.

„Können wir Leon besuchen?"

„Ja, aber erst gegen 16 Uhr, da die Kinderklinik feste Besuchszeiten hat", beantwortete ich seine Frage. Meine Bettnachbarin hatte ihr Baby auf dem Arm und kuschelte, ein wenig neidisch war ich schon, denn ich lag auf einer Entbindungsstation, hatte ein Baby bekommen, konnte es aber nicht bei mir haben.

Es machte mich verrückt und ich bat Andreas darum, ein bisschen mit mir rauszugehen. Wir liefen das Krankenhausgelände auf und ab, unterhielten uns, über was kann ich nicht mehr genau sagen, aber wir schauten ständig auf die Uhr. Wir tranken Kaffee und Andreas konnte es nicht mehr aushalten. „Lass uns doch mal fragen in der Kinderklinik, ob wir nicht jetzt schon Leon besuchen dürfen, immerhin sind wir seine Eltern!"

Ich schaute auf meine Armbanduhr.

„Es ist halb vier."

„Ja, lass uns gehen!" Andreas hatte den Kleinen auch das erste und letzte Mal im Kreißsaal gesehen und war verständlicherweise sehr aufgeregt und fragte immer wieder auf dem Weg dahin, wie es den Kleinen ginge und wie er aussehe. Ich versuchte nicht, ihm zu erklären, wie unser Spatz dalag, denn er sollte es mit eigenen Augen sehen, um sich das Bild selber zurechtzurücken. Denn aus Erzählungen und Erklärungen könnte sich alles viel schlimmer anhören. Da wurde mir klar, dass die Krankenschwestern auf der Entbindungsstation mir vielleicht deshalb nicht gesagt hatten, wie es um den Kleinen steht. Wir klingelten an der Neugeborenen-Intensivstation, und wieder warteten wir ein paar Minuten, bis jemand kam und uns die Tür aufhielt.

Wir brauchten nicht viel sagen, denn die Schwester wusste ja schon von heute Vormittag, wer ich war. Sie nickte uns zustimmend zu und ich erklärte Andreas, was wir beachten sollten, wenn wir die Station betreten wollen. Wir halfen uns gegenseitig, die Kittel zuzubinden, ich merkte, dass Andreas zittrige Hände hatte, es ging ihm wie mir. Der Inkubator, in dem Leon lag, war leicht abgedeckt mit einen blauen, mit Elefanten bestickten Tuch, vorsichtig hob ich das Tuch an der Spitze an. Damit Andreas Leon besser sehen konnte, ging ich an die Seite.

Wir durften Leon wieder auf dem Arm nehmen, das war für mich immer etwas ganz Besonderes, es war schön ihn zu spüren. Hier in der Klinik fühlte ich mich wie eine Mama, außerhalb wie eine Versagerin, die nicht in der Lage war, ihr eigenes Kind mit nach Hause zu nehmen.

Dr. H. kam ein paar Minuten später, als ich gerade damit beschäftigt war, den Kleinen per Magensonde und Spritze zu füttern, er bekam eine Aufbaunahrung, sie hat einen hohen Anteil an Fetten, Kohlenhydraten und Zukker, damit der Kleine schnell zunehmen konnte, diese Nahrung hat er ungefähr zwei Monate bekommen, dann wurde umgestellt auf die normale pure Nahrung.

Dr. H. kniete sich vor uns hin, schaute den Kleinen an: „Wir wissen nun, was dem Kleinen fehlt!"

„Ja? Und?", fragten Andreas und ich fast gleichzeitig und gespannt.

„Osteogenesis imperfecta, Glasknochen!"

Ich fragte mit einer viel zu ruhigen Stimme, die schon fast teilnahmslos klang: „Das heißt, er darf nicht fallen … oder … ich muss ihn sehr vorsichtig berühren?"

Flüsternd fügte ich noch an: „Glasknochen? … Knochen aus Glas?"

„Ja, so dürfen Sie sich das vorstellen", meinte der Arzt.

Was das für Leon und für uns zu bedeuten hatte, welche Anstrengungen dahinter steckten, konnten wir uns dahin noch nicht ausmalen, drei Tage waren vergangen und nun wussten wir die genaue Diagnose, aber was heißt das schon? Es ging Leon doch gut, er brauchte keine Beatmung, keinen Sauerstoff.

Doch was dann folgte, ließ mich wissen, dass es doch ernster mit Leon war, als erst gedacht, denn durch die Röntgenaufnahmen, die die Ärzte mit Leon durchführten, fiel auf, dass Leons Röhrenknochen erhebliche viele Kallusse sowie frische Knochenbrüche aufwiesen, sie zählten durch und kamen auf 50 Knochenbrüche. Wegen der vielen Brüche durfte ich Leon erst mal nicht mehr auf den Arm nehmen, die Schwestern und Ärzte waren in der Sache noch sehr unerfahren und deshalb sehr vorsichtig im Umgang mit dem „Glasknochen-kind", wie Leon mit ein bisschen Sarkasmus genannt wurde.

Ich verließ die Entbindungsstation am zweiten Tag auf eigenen Wunsch, damit ich nicht mehr neben einer Frau liegen musste, die ein Baby auf dem Arm hielt, das hatte ich einfach nicht mehr ausgehalten. Leon konnte ich auch so besuchen, und ich hatte mir auch vorgenommen, den Kleinen so häufig wie möglich zu sehen.

Andreas und ich forschten zu Hause ein wenig im Internet, damit wir die Krankheit ein wenig besser verstehen konnten. Doch wirklich hilfreich war es nicht, denn damals war die Krankheit noch nicht sehr bekannt, und auch heute ist Osteogenesis imperfecta (kurz OI) nicht weiter erforscht worden. Als Grund dafür wird angegeben, es gäbe zu wenig Menschen mit dieser Krankheit. Mein nächster Versuch war in einer kleinen Bücherei in unserem Dorf, dort bekam ich ein Buch, welches mich der Krankheit vielleicht ein wenig näher bringen konnte. Ich las dieses Buch noch am selben Tag innerhalb von zwei Stunden durch, aber viel mehr wusste ich nachher auch nicht, außer dass es immerhin Chancen gibt, dass mein Leon mit viel Glück laufen oder krabbeln lernen konnte, trotz Handicap, das war sehr beruhigend. Und es gibt viele Ärzte, die sich damit schon auseinandergesetzt hatten, und ein wenig mehr über die OI wussten, natürlich wollten wir mehr über diese Ärzte wissen, denn die konnten uns die Therapiemöglichkeiten genau-er beschreiben.

Andreas reichte das Buch so nicht und versuchte sich mit der Autorin in Verbindung zu setzen. Er nahm das Telefon in die Hand und telefonierte mit vielen unterschiedlichen Leuten, die überall verstreut in ganz Deutschland verteilt waren. Es dauerte bestimmt knapp zwei Stunden, bis Andreas mit einem Notizzettel in der Hand zu mir ins Wohnzimmer kam. „Hier, Schatz, die Nummer von der Autorin des Buches ‚Mama, ich bin nicht anders‘, rufe sie doch gleich mal an!"

Ziemlich aufgeregt wählte ich die Nummer, zitternd wartete ich auf die Antwort des Freizeichens im Hörer, dann meldete sich Frau M. sehr freundlich mit ihren Namen, ich stellte mich ihr kurz und bündig vor. Bevor ich bei ihr anrief, wusste ich genau was ich frage und sagen wollte, doch jetzt? Als Frau M. am anderen Ende des Hörers war, hatte ich alles vergessen und brabbelte vor mir hin.

Aber anscheinend hat sie mich verstanden, denn sie fing an zu erzählen. Wir unterhielten uns lange, ich erklärte ihr, dass wir vor kurzem erst erfahren hatten, dass unser kleiner Sohn auch die Diagnose bekam und dass wir nicht wissen, wie sich die Krankheit verhält: „Gibt es Therapie-Möglichkeiten?" Ich hatte unendlich viele Fragen, so viele, dass sie mir nicht alle eingefallen sind. Die Autorin sprach leise, aber verständlich: „Es gibt viele Dinge, die man machen kann, um die Muskulatur aufzubauen, denn darum geht es in dieser Krankheit. Die Knochendichte ist sehr gering, der Abbau schneller als der Aufbau, bei Bewegungen bleibt der Abbau in Waage mit dem Aufbau, es kommt dann natürlich darauf an, welche Stufe euer Kleiner hat?"

„Das kann ich noch nicht sagen, unsere Ärzte sind noch am Rätseln, die haben diesen Fall noch nie gehabt!"

„Das wird schon werden, ich habe die leichte Stufe der ‚OI‘, das heißt, ich kann laufen und auch sonst brauche ich keine große Hilfe im Leben, also da bin ich gut bei weggekommen!" Sie fing an zu lachen, das steckte an, ich grinste aber in mich hinein, um nicht unhöflich zu klingen.

Petra gab mir noch ein paar Adressen, wo ich mir Informationen holen konnte, dann bedankte ich mich für das Gespräch und legte auf. Durch Petra hatte ich die OI-Gesellschaft gefunden, von denen bekam ich immer wieder Informationsmaterial zugeschickt, in dem zum Beispiel drinstand, was es für Typen der Osteogenesis imperfecta gab. Beim Lesen musste ich mit Erschrecken feststellen, dass es weit mehr verschiedene Typen dieser Osteogenesis gab, es standen auch viele Fachbegriffe drin, die ich erst nicht begriffen hatte, ich las meinen Verlobten vor: „Typ 1: ‚milde' Form, blaue Skleren, diskreter Minderwuchs, nur geringe Verkrümmungen, vorzeitiger Hörverlust, normale Zähne, die Häufigkeit dieses Typen wurde auf 1 : 10.000 geschätzt. Typ 2: perinatale letale Form (ich schreibe jetzt nicht, welche Symptome sie alles hat, denn das ist eine sehr lange Liste), kurze und krumme Extremitäten, enger Thorax, weicher Kopf, minimal verkalkt, schiefergrau-blaue Skleren, Hernien (Austritt von Eingeweiden aus der Bauchhöhle durch eine angeborene oder erworbene Lücke in den tragenden Bauchwandschichten), die Wahrscheinlichkeit beschränkte sich auf 1 : 20.000. Typ 3: progressive deformierte Form (Deformation der Röhrenknochen und Störungen der Knochenhaut, die mit vielen kleinen Blutgefäßen und Nerven durchzogen ist), dünne Rippen, extremer Kleinwuchs, Skleren blassblau, oft aufhellend, Dentinogenesis imperfecta, vorzeitiger Hörverlust, die Wahrscheinlichkeit beschränkt sich auf 1 : 40.000. Und dann gibt es noch Typ 4: mäßige Form,

Kleinwuchs, Verkrümmungen, Skleren graubläulich, abblassend, Dentinogenensis imperfecta, vorzeitiger Hörverlust, Wahrscheinlichkeit beschränkte sich auf 1 : 30.000."

Während ich das las, musste ich mich setzen, das war heftig, das hörte sich plötzlich alles so schlimm an und manche Symptome hatte ich bei Leon auch schon feststellen können, wie zum Beispiel, dass die Skleren nicht weiß wie bei uns waren, sondern graublau, vielleicht auch etwas mehr grau. Seine kleinen, krummen, sichelförmigen Beine, wir versuchten die ganzen Symptome auf Leon zu übertragen, um endlich Aufschluss zu bekommen, wie wir dem Kleinen helfen konnten, aber wir gaben auf und hofften auf die Hilfe der Ärzte.

Wir gaben uns Mühe, häufig nach Bielefeld, was 38 Kilometer von uns entfernt lag, zu fahren, entweder hat uns jemand mitgenommen oder wir sind Bus und Bahn gefahren, da Andreas und ich beide kein Auto besaßen, mussten wir unsere Zeit immer sehr genau planen. In den nächsten Wochen ging es Leon so gut, dass er von der Intensivstation auf die Kleinkinderstation verlegt werden konnte. Natürlich hatte man das uns wieder mal nicht mitgeteilt und so liefen wir erst unseren normalen Weg Richtung Intensivstation.

Freude kam natürlich auf, als wir Leon sahen, wie er nicht mehr hinter einer Glasscheibe war, sondern in einem Wärmebettchen lag, ich fühlte mich so nah bei ihm wie bisher noch nicht, wir streichelten Leon überall, seine Beine, seine Arme, ich küsste ihn auf seine Nase und da fing er an, sein Gesicht zu verziehen, seine erste Reaktion, die ich mitbekam, ich freute mich über jede Kleinigkeit, die der Kleine von sich gab, egal ob es ein kleiner Schluckauf oder ein Hüsterchen war, alles war toll.

Er hatte auch das erste Mal Anziehklamotten an, die Sachen, die ich der Station dagelassen hatte, waren trotz der Neugeborenen-Größe viel zu groß, den kleinen Pulli mussten die Schwestern viermal umkrempeln, genauso die Hosen, es war schwierig, Leon eine Hose anzuziehen wegen den deformierten Beinen, auch später mussten wir immer eine sehr weite Hose kaufen.

Eine halbe Stunde später gingen Andreas, mein Bruder, der mitgekommen war, und ich eine rauchen, das dauerte vielleicht eine Viertelstunde, und Leon lag wieder in einem Inkubator, das war ein Schock! Was war da los? dachte ich mir und rief eine Schwester. Die erklärte mir: „Ja, wir haben das Gefühl, er fühlte sich da wohler drin."

„Es ging ihm doch vor einer Viertelstunde noch gut, das verstehe ich nicht?" Aber sie gab mir keine Antwort, Andreas versuchte mich zu beruhigen: „Schatz, da wird sicher alles okay sein, mach dir keine Sorgen, der Kleine ist ja erst drei Wochen alt, gib ihm noch Zeit." Am nächsten Morgen saßen wir bei Kaffee und Zigarette am Küchentisch, unterhielten uns über dies und das, das Hauptthema war natürlich Leon, als das Telefon klingelte.

Ich weiß nicht mehr genau, wer dran gegangen war, aber das ist auch egal, uns wurde von der Intensivstation mitgeteilt, dass Leon nun wieder dort lag und er ein wenig Sauerstoff bräuchte, da seine Blutgasanalyse gezeigt hatte, dass er zu wenig sauerstofffreie Blutkörperchen hatte, aber es ginge ihm gut! Aber es ginge ihm gut? Eigentlich wäre ich sofort wieder hingefahren, ich machte mir so meine Gedanken, die Andreas mit mir teilte: „Wieso denn jetzt wieder auf der Intensiv? Was passiert denn damit Leon, erst geht es ihm gut, nach einer halben Stunde muss er in den Inkubator zurück und jetzt? Sauerstoff?!"

„Na ja", beruhigte ich mich, „es wird schon gut sein." Zwei Tage später änderte sich Leons Zustand gewaltig, sein Sauerstoffgerät musste in diesen Tagen immer höher gestellt werden, als das nicht mehr reichte, kam er ans Beatmungsgerät, aus seinem anderen Nasenflügel ragte nun ein etwas dickerer Schlauch heraus, folgend dem Schlauch in Richtung Beatmungsgerät wurde ein Filter angeschlossen, damit keine Keime in seine Lungen gelangten.

Dr. H. riet uns, Leon vielleicht nottaufen zu lassen, damit der kleine Leon auch ehrwürdig bestattet werden konnte.

„Was? Er könnte sterben?" Andreas schaute Dr. H. ungläubig an.

„Es sieht wirklich nicht gut aus, ich möchte ehrlich mit Ihnen sein, ich denke, dass Leon die nächsten Tage nicht überleben wird!"

Jetzt schon? Nach drei Monaten soll unser Baby sterben, das ging doch nicht, es war zu früh, nein, er wird das schaffen, er ist stark. Doch die Hoffnung bei mir sank bis zum Tiefpunkt, als es in den nächsten Tagen nicht besser, sondern eher schlechter wurde. Er machte nicht mehr die Augen auf und bewegte sich nicht mehr, schlafend und unbewegt lag er auf den Rücken in seinem Inkubator, er fehlte uns da schon. Die Sozialarbeiterin und die Pastorin der Kinderklinik kamen später zu uns, um die Nottaufe zu besprechen. Wann, um wie viel Uhr und welche Familienangehörige würden kommen?

Es war sehr schwer zu verstehen, wieso es Leon nun doch plötzlich so schlecht ging. Dr. H. konnte es uns auch nicht erklären, er zeigte mir ein Röntgenbild, zu sehen waren Leons Lungenflügel: „So, Frau Höke, hier sehen Sie die Lungenflügel Ihres Kindes. Der Sauerstoffgehalt der Lungenbläschen ist ziemlich gering, das sehen Sie daran, dass die Lungen schwarz statt weiß auf dem Röntgenbild sind!" Er erklärte weiter: „Wenn die Lungenbläschen keinen Sauerstoff mehr aufnehmen, Gründe dafür gibt es viele, kann das Kind nicht mehr selbstständig atmen, daher braucht Ihr Kind die Beatmungsmaschine, die Lungen werden beim Atmen unterstützt. Bei Leon ist das große Problem, dass die Lungenbläschen gar keinen Sauerstoff aufnehmen, obwohl wir den kleinen schon knapp eine Woche konzentriert beatmen."

Ich hörte genau zu, um die Situation verstehen zu können, doch eine Frage kribbelte in mir: „Wieso konnte Leon ganze drei Monate ohne Probleme atmen und nun das?"

„Das ist eine Frage, die ich nicht beantworten kann" Dr. H. schaute nachdenklich das Röntgenbild an. Am 16. März war die Nottaufe geplant, meine Familie und auch Andreas' Mutter kamen zur Taufe, eigentlich ist eine Taufe etwas Schönes, doch diese Taufe war eine Art Verabschiedung. Auf Station erwartete uns schon die Pastorin: „Ähm … ich hätte noch eine Frage, haben Sie geklärt, wer die Paten des Kinds werden sollen?"

Paten für ein wahrscheinlich sterbendes Kind? Wozu denn so was? Diese Frage stellte ich mir nur in meinen

Kopf. Meine Tante und mein Bruder Martin erklärten sich einverstanden, diesen Part zu übernehmen, ich war dankbar für die schnelle Entscheidung. Die Taufe wurde kurz gehalten, sie begann um 14 Uhr und endete schon eine Viertelstunde später, um Leon nicht noch mehr zu belasten, denn als die Pastorin Ihre Hand durch die Luke des Inkubators steckte, um Leon ein Aschekreuz auf seine Stirn zu malen, fingen seine Geräte plötzlich an zu piepsen, ich schaute auf den Oxyshuttles und sah, dass er sich aufregte, ein Zeichen?

Nach der Taufe wollte ich nach Hause gehen, und das war auch das Anliegen der Krankenschwestern. „Wir melden uns sofort, wenn sich der Zustand verändert!" Die Schwester meinte, wenn Leon kurz vor seinem Tod stand, damit wir den Kleinen in den Tod begleiten konnten. Den ganzen Nachmittag über saßen Andreas und die Mama, mein Vater, mein Bruder und ich in der Küche bei uns zu Hause und tranken Kaffee. Es fielen keine großen Worte, eigentlich machten wir nur ein bisschen Small Talk, alle warteten auf den Anruf. Sechs Stunden vergingen und keiner hatte angerufen, Andreas und ich trauten uns nicht, in der Klinik anzurufen.

„Warum rufen sie nicht an? Was ist mit Leon?" Es traute sich keiner wirklich dort anzurufen, mein Bruder Martin war in der Zwischenzeit schon nach Hause gefahren, dachten wir zumindest. Noch eine Stunde verging und es traute sich immer noch keiner anzurufen, plötzlich klingelte die Haustür, es war Martin.

„Ich war gerade bei Leon, es geht ihm besser!", sprudelte es aus ihm heraus. Keiner wollte es glauben, mein Vater nahm das Telefon in die Hand, rief die Station an, die Nummer hatten wir schon ins Telefonbuch eingespeichert. Es dauerte nicht lange und es ging jemand dran: „Ja, schönen guten Abend, ich bin der Opa von Leon, ich würde gerne wissen, wie es ihm geht?"

„Aha? Okay!" Voller Erwartung, was die Schwester zu meinen Papa gesagt hatte, war es mucksmäuschenstill in der Wohnung.

„Ja! das gibt es nicht, hmm ... schön ... freuen wir uns, vielen Dank!" Mein Papa legte den Hörer auf: „Ja, Leon geht es besser, er braucht wohl noch Sauerstoffzufuhr mit der Beatmung, aber es ist nicht mehr so viel wie zuvor!"

Mir fiel ein Stein vom Herzen, ich freute mich, umarmte meinen Verlobten und er hatte auch Tränen in den Augen. Uns kam es vor, als ob jemand auf Leon aufgepasst hätte, ein riesiger Schutzengel, danke! Ab da an wurde Leons Zustand sichtbar besser, so bekam Leon den Namen „der kleine Löwe". Vier Monate nach der Taufe wurde er immer mobiler, er lachte, rekelte sich im Bett, trotz Nasalbeatmung war er sehr aktiv. Die Frakturen verheilten gut und neue Knochenbrüche kamen seltener vor, ein paar Haarrisse, auch Grünholzbruch genannt, hier und da, aber das hatte Leon kaum in seiner Beweglichkeit eingeschränkt.

Im selben Monat haben Andreas und ich unsere Hochzeit gefeiert, da es Leon nun besser ging, konnte ich den Tag genießen. Nach fünf Monaten intensiv wurde Leon endlich auf die Kinderstation verlegt und er bekam ein kleines Gitterbettchen, das höhenverstellbar war. Wenn Andreas und ich Leon besuchten, spielte er viel mit seiner Rasselkatze oder mit dem selbstgebauten Mobile der Krankenschwestern, er war immer am Lachen und freute sich, sobald man an sein Bett trat.

In dieser Zeit hatte ich noch nicht viel mit Leon machen dürfen, gebadet wurde er immer schon von einer Krankenschwester. Auch das Wickeln wollte immer eine Schwester übernehmen, dabei fühlte ich mich ziemlich ausgegrenzt und wir, Andreas und ich, sprachen es dann bei den Arztgesprächen an. Solche Gespräche hatten wir mindestens einmal im Monat, um noch einmal Revue passieren zu lassen, welche Fortschritte der Kleine gemacht hatte oder welche Therapien noch vor Leon lagen. Ein bisschen brachte es etwas, denn ich durfte Leon einmal in den fünf Monaten wickeln und waschen. Ein paar Wochen später hatten wir bei den Ärzten nachgefragt, ob wir Leon von Bielefeld nach Paderborn verlegen könnten, denn ohne Auto ist es eine verdammt lange Reise, da läge Paderborn ein wenig näher von unserem Zuhause.

Es dauerte ein paar Tage, bis die Klinik Leon verlegen ließ, denn alle auf der Station hatten dieses fröhliche und tapfere Kind ins Herz geschlossen. So fiel es allen schwer, Abschied zu nehmen. Natürlich musste die Klinik in Paderborn erst einmal darüber informiert werden, um welches Kind und welche Krankheit es sich handelte, um die weiteren medizinischen Maßnahmen weiterführen zu können. Und es war auch die große Frage, ob die Klinik sich das zutraute, ein Glasknochenkind aufzunehmen, auch ein dauerbeatmetes Kind zu versorgen, aber das war Gott sei Dank kein Problem.

Der Abschied in Bielefeld war für alle nicht leicht, denn nach fünf Monaten hatten auch die Krankenschwestern den kleinen Löwen ins Herz geschlossen. Noch vor Weihnachten kam Leon in der Klinik in Paderborn an, er wurde herzlich begrüßt und sehr liebevoll gepflegt, später kamen Andreas und ich dazu, wir brauchten etwas länger bei der Fahrt von Bielefeld nach Paderborn, denn wir fuhren mit dem Zug. Wir wurden freundlich empfangen auf der Intensivstation der Paderborner Klink: „Keine Angst, Frau Körner, Leon liegt nur hier auf der Intensiv, weil wir ihn noch nicht kennen, und hier auf der Station haben wir mehr Zeit den kleinen Löwen kennenzulernen!" Bevor ich überhaupt fragen konnte, bekam ich diese Antwort.

Dr. W. war der Stationskinderarzt und Dr. J. der leitende Stationsarzt, die beiden begrüßten uns freundlich und erklärten: „Das ist etwas ganz Neues für uns, Leons Krankheit ist nicht sehr bekannt hier in der Ecke, daher mussten wir ein wenig herumtelefonieren und auch noch mal Rücksprache halten mit Bielefeld wegen dem Handling!" Dr. R. weiter: „Wir möchten dem Kleinen nicht unnötig die Extremitäten brechen, aber wir werden mit Ihrer Unterstützung Ihren Sohn gut pflegen!" Ich stimmte zu und ich freute mich, dass Leon nun ein wenig näher bei uns war, zwar hätte ich meinen Kleinen direkt mit nach Hause nehmen können, doch das ging nicht. Leon hatte nach fünf Monaten immer noch seine Nasalbeatmung und eine Nasensonde liegt, durch die er ernährt wurde.

Leon fiel es sehr schwer, etwas in den Mund zu nehmen, wir dachten alle, dass es ihm durch die Langzeitbeatmung erschwert wurde, etwas zu schlucken. Das Ziel der Klinik war es, Leon mit Ergo, Krankengymnastik und Musiktherapie mobiler zu machen, auch wurde er zwischenzeitlich in den Baby Safe gesetzt, der Arme schwitzte höllisch durch die Anstrengungen zu sitzen. Eine Begleiterscheinung dieser „OI" ist grundsätzlich auch starkes Schwitzen, das merkte man daran, dass wir Leon mehrfach an einem Tag seine Wäsche wechseln mussten, er war durchgeschwitzt nur durchs Liegen. Dr. J. hatte Leon so ins Herz geschlossen, dass er es sich nicht nehmen ließ, jeden Morgen an Leons Bett zu treten, ihm einen „guten Morgen" zu wünschen. Leon freute sich jeden Tag aufs Neue wie ein Schneekönig, wenn der Doktor kam. Zu Weihnachten bekam Leon ein kleines Geschenk von Dr. J., einen Schneemann mit Glitzerschal und Mütze in Blau, dieses kleine Mitbringsel ist heute immer noch auf Leons Platz.

Nun kam nach zwei Monaten die Zeit für mich, das Handling von Leon richtig zu üben. Um es später auch zu Hause umsetzen zu können, musste ich zwei Wochen im Krankenhaus in einem gegenüberliegenden Schwesternwohnhaus bleiben. Egal welche Uhrzeit es war, die Schwestern riefen mich im Wohnheim an: „Leon muss die Grundpflege haben, waschen, wickeln!" Ich schaute und so weiter auf meinen Wecker und musste mit Erschrecken feststellen, dass es gerade mal vier Uhr morgens war. Langsam machte ich mich fertig, es war sehr ungewohnt, so früh aufzustehen, aber ich freute mich auch gleichzeitig, Leon endlich versorgen zu dürfen.

Auf Station ließ ich mir die Waschschüssel geben, einen Waschlappen, Pampers und Wäsche zum Wechseln fand ich selber schon im Schrank, der im Zimmer stand. Die Grundpflege ging langsam und vorsichtig vonstatten, er war noch so winzig, die Ärmchen waren beim Anfassen weich und leicht, so zerbrechlich. Den Pulli zog ich ihm noch nicht an, das ließ ich mir lieber noch mal zeigen. Es wurde von Tag zu Tag besser, und ich war schon fit genug, dass ich Leon schon selber in den Safe legte, ihn ohne fremde Hilfe auf den Arm nahm, es war ein schönes Gefühl, Leon endlich wie mein eigenes

Kind versorgen zu dürfen statt immer nur danebenzustehen.

Das Personal in Paderborn merkte dies auch und konnte sich beruhigt etwas mehr zurückziehen, wenn ich zu Besuch kam. Da ich gerade erst 18 Jahre alt war, wurde ich von der Sozialarbeiterin der Klinik in Augenschein genommen. An einem Donnerstag kam die Sozialarbeiterin zu mir und Leon auf Station, erst war sie sehr freundlich, doch das sollte sich noch ändern. Aus welchem Grund auch immer informierte die Sozialarbeiterin das Jugendamt. Ich konnte mir das nicht erklären, wir haben uns Mühe gegeben, Leon so oft es geht zu besuchen, und wenn es mal nicht geklappt hatte, so hatten wir entweder Leons Onkel Martin geschickt oder eben angerufen auf der Station.

Doch die Sozialarbeiterin wollte mit mir und meinen Mann ein Gespräch führen. Es wurde nochmals und abermals über Leons Situation gesprochen: „Leon, Ihr Sohn, ist ja schon sehr krank, er hatte auch in Bielefeld eine Nottaufe gehabt, und sie sind ja noch sehr jung, wie möchten sie das zu Hause bewerkstelligen, würden Sie das schaffen?"

„Ja, es ist alles okay, unser Sohn hat sich bisher gut entwickelt im Gegensatz zu Bielefeld, es wird noch sicherlich dauern, bis der Kleine nach Hause kommen wird, darüber brauchen wir noch nicht nachdenken!", sagte mein Mann etwas zynisch, ich nickte, sagte aber nichts.

In den nächsten Tagen, als ich zu Hause war, um den Haushalt zu erledigen, mein Mann war gerade am Arbeiten, klingelte es an der Tür. „Hallo, ich bin vom Jugendamt, darf ich reinkommen?"

„Ja sicher, kommen Sie rein.‟ Wir setzten uns in die Küche und ich war gespannt was die Frau wohl wollte. Ich habe einen anonymen Hinweis bekommen, dass Ihr Mann Sie und auch das Kind schlagen würde.‟ Wut kochte und ich bekam auch ein großes Fragezeichen im Gesicht: „Wie bitte? Erst einmal möchte mich mein Mann nur beschützen, so ist er nun mal, und zweitens, wenn mein Mann tatsächlich unseren Sohn schlagen würde, hätte er definitiv Knochenbrüche oder wäre sogar tot‟, schrie ich die Frau an: „Und ich bin mir sicher, dass das Krankenhaus schon etwas gemeldet hätte!‟

„Wieso Krankenhaus, Frau Körner?‟, fragte sie mich gedämpft. „Weil Leon seit seiner Geburt in der Klinik liegt!‟, erklärte ich weiter: „Sie können ja gerne in der Klinik anrufen, und glauben Sie nicht alles, was Ihnen gesteckt wird von meinen Ex-Freund, dem Erzeuger von Leon!‟, sagte ich wütend.

Mein Mann kam zwei Stunden später, nachdem die Frau vom Jugendamt weg war, nach Hause, ich berichtete ihm natürlich, was passiert war. Kaum hatte ich es ausgesprochen, nahm mein Mann wutentbrannt das Telefon und rief bei dem Jugendamt in Paderborn an: „Ich möchte sofort den Chef sprechen ... nein ...jetzt ... nein, nur den Chef!‟, schimpfte er in den Hörer hinein. „ Ja Hallo, Andreas Körner mein Name, ich rufe an wegen einer Ihrer Mitarbeiterin ... ja ... genau, es geht darum, dass die Frau hier bei uns heute war ... und es wurde gesagt, dass ich mein Kind, das Glasknochen hat und seit seiner Geburt in der Klinik ist, schlagen würde. ... Wissen Sie, das ist Verleumdung ... das geht doch nicht!‟ Sehr aufgeregt laut und zitternd sprach mein Mann diesen Satz. Als er aufgelegt hatte, sagte er zu mir, mit ruhigere Stimmer als zuvor: „Er wird sich darum kümmern, es wird nicht mehr vorkommen."

Ein paar Tage vergingen, wir hatten daran gar nicht mehr gedacht, als es erneut an der Tür klingelte: „Frau Körner, es tut mir schrecklich leid ... ich wollte Ihnen nicht zu nahe treten, doch ich muss so einem Hinweis nachgehen ... wie absurd es klingen mag." Die Jugendamtfrau stand vor der Tür, ich bat sie reinzukommen.

„Hören Sie, wir tun wirklich unser Bestes, damit wir Leon gute Eltern sein können, doch es werden uns ständig Steine in den Weg gelegt, die wir erst mit Mühe wegschieben müssen, bevor wir uns den tatsächlichen Aufgaben widmen können, es erschwert das Ganze zusätzlich!" Mein Mann sprach leise, aber verständlich und verblüffend ruhig. Das verstand die Frau, entschuldigte sich nochmals und ging.

Als ob das nicht schon genug Anspannungen waren, kamen immer mehr Hindernisse auf uns zu, die Sozialarbeiterin fing an, uns doch ans Herz zu legen, Leon nach der Reha, die irgendwann kommen sollte, in eine behindertengerechte Einrichtung zu geben. Der Grund war, dass wir sehr jung waren und wir uns schon jetzt kaum um den Jungen kümmern könnten: „Hallo? Wir können nicht den ganzen Tag, und bisher sind das acht Monate, nur in der Klinik sitzen, wir besitzen kein Auto und finanziell ist es auch ein wenig knapp, was sollen wir denn machen, ich gehe schon arbeiten!"

Mein Mann stand schützend vor mir, weil ich dichtgemacht hatte, es ging einfach nicht mehr. Es gab immer wieder Leute, die uns die Versorgung von Leon nicht zutrauten, alle wussten es besser und schlugen vor, ihn in eine Einrichtung zu geben, wir seien unfähig, weil wir Leon in Paderborn nur alle vier bis fünf Tage besucht hatten. Ich konnte das nicht mehr aushalten, musste bei jeden neuen Gespräch mit den Ärzten oder der Sozialarbeiterin weinen vor Hilflosigkeit und nicht weil ich überfordert war mit Leons Situation, das ganze Drumherum war das Schlimmste. Es war ein seelischer Schmerz, ja auch ein bisschen depressiv wurde ich schon von dem ganzen Druck, der auf mich gelastet wurde.

Aufopfernd kümmerte ich mich so gut es ging um meinen Sohn, ich tat soweit es möglich war, alles dafür, damit es Leon gut ging, aber das wurde in den letzten Monaten von allen Schwestern, Ärzten und auch der Sozialarbeiterin übersehen: „Das Wohl des Kindes", hieß es immer. Das Wohl des Kindes? Ist das nicht zu Hause bei Mama und Papa? Es fühlte sich unrichtig an, so falsch, aber meine Grenze war einfach da, wer sollte uns da wieder raushelfen?

Keiner konnte dies! Bald fühlte ich mich so unnütz und ausgelaugt, dass ich dieses doofe Schriftstück unterschrieb. Leon sollte in eine Einrichtung, Datteln bei Dortmund. „Na, seid ihr alle jetzt zufrieden?", schimpfte mein Mann die Ärzte an. Meine Gefühle fuhren Achterbahn, sogar von dem Jugendamt konnte ich keine Hilfe erwarten, denn die schlugen sich auf die „Seite der Klinik".

„Das kann doch nicht wahr sein, warum fahren sie uns so an den Karren? Ich möchte Leon bei mir haben, nicht in einer Einrichtung oder sonst wo, wieso stehen die nicht zu uns?"

Mein Mann fand keine Antwort, er war genauso hilflos und unwissend wie ich. Ein paar Tage später fuhren wir mit Gaby, der Frau vom Jugendamt, nach Datteln, um uns die Einrichtung anzuschauen. Doch auch da fühlte ich mich fehl am Platz, Gaby sprach nur mit der Heimleiterin und die Heimleiterin nur mit Gaby, es wurde nicht gefragt, was wir uns wünschen, alles über unseren Kopf entschieden.

Ein paar Tage vergingen und ich dachte die ganze Zeit nach, wie wir aus der Situation wieder rauskamen, damit wir eine Familie sein konnten. Bis mein Mann und meine Schwiegermutter Heidi fast aus einem Mund sprachen: „Anwalt!"

„Anwalt?"

„Ja, der kann uns sicher helfen!"

„Lass uns doch bitte erst noch mal mit der Klinik reden, dass ich es nicht möchte, dass Leon in die Reha geht, und wenn die abgeschlossen ist, nach Hause kommt!" So dachte ich nach. Andreas und ich machten uns wieder auf den Weg zur Klinik, sagten unserem kleinen Schatz Hallo, spielten, kuschelten mit Leon, alles, was wir immer machten, wenn wir da waren. Als dann Dr. H. zu uns kam, sprachen wir ihn gleich an: „Gut, dass Sie kommen, wir möchten gerne noch mal mit Ihnen wegen Leon sprechen, hätten Sie eine Minute Zeit?"

„Ja natürlich, kommen Sie mit, wir gehen ins Büro." Dr. H. setzte sich auf einen Stuhl und wir setzten uns gegenüber hin.

„Wir möchten Leon gerne nach Hause nehmen."

„Aha ... okay ... aber es muss später noch die Reha gemacht werden, die müssen wir erst einmal suchen, welche qualifiziert genug ist, Leon aufzunehmen, da er ... wie Sie ja beide wissen .... dauerbeatmet wird."

„Das ist uns schon klar, aber wir wollten Ihnen gerne sagen, dass Leon danach nach Hause kommen soll, zu uns!"

Schon traurig, dass ich als die eigene Mutter so betteln musste, mein eigenes Kind nach Hause zu bekommen.

„Ich werde es vermerken und spreche auch mit der Gaby!" Der Tonfall von Dr. H. gefiel mir gar nicht, ein bisschen wütend klang er. Es entstand ein Hin und Her, mal wollten sie Leon entlassen, mal nicht mehr. Der Grund klang für uns natürlich plausibel und wir nahmen es so hin, fürs Erste: „Bevor Leon nach Hause kann, braucht er noch die OP für die Trachealkanüle und eine PEG!" Dr. B. erklärte weiter: „Die PEG ist ein Ernährungsschlauch, der direkt in die Bauchwand bis zum Magen eingeführt wird. Da Leon bisher nicht über den Mund ernährt werden kann, ist so eine PEG für die Langzeit-Sondenkosternährung sicherer, Leon kann die PEG nicht mehr so schnell selber herausziehen, mit der Nasalsonde macht er das mittlerweile mal ganz gerne." Dr. B. grinste schelmisch.

„Aber das nächste Problem ..." Dr. B.s Stimme wurde leiser: „Wir kennen keine Klinik in der Nähe, die eine solche OP machen würde, mit der PEG wäre das kein großes Problem, doch die Trachealkanüle wird nicht einfach sein. Da Leon eine Fehlbildung der Halswirbelsäule mit angeborener Instabilität der Halswirbelsäule hat, ist es nicht einfach, die OP durchzuführen, der Kopf müsste während der OP ein wenig nach hinten gestreckt werden, damit die Luftröhre über einen Hautschnitt unterhalb des Kehlkopfes freigelegt werden kann. In die

Öffnung wird dann eine kleine Atmungskanüle einge-führt. Wir kennen keinen Arzt, der sich das zutrauen würde."

Fragend schauten Dr. B. und Dr. H. uns an. „Können wir denn auch versuchen, eine geeignete Klinik für die OP zu finden?", fragte mein Mann. Die Blicke, die sich die beiden Ärzte zuwarfen, sagten uns schon fast alles über deren Meinung zum Thema „Leon zu uns nach Hause bekommen", aber sie willigten ein.

Wir machten uns direkt auf den Heimweg, um von dort aus eine geeignete Klinik zu finden. Erst hatten wir uns ziemlich weit außerhalb orientiert, in Frankfurt oder Bayern, bis wir bei einer Klinik in Minden gelandet sind, per Telefon erklärten sie uns: „Das können wir gut verstehen, aber wir machen solche OPs nicht, woher kommen Sie denn?"

„Wir wohnen in der Nähe von Paderborn!"

„Haben Sie nicht die große Fachklinik in Bad Lippspringe?"

Mein Mann schaute mich an, klatschte mit der Hand gegen seine Stirn und sagte in den Hörer: „Aber natür-lich, bin ich doof, dann trotzdem vielen Dank!" Er legte auf, ich starrte meinen Mann die ganze Zeit erwartungs-voll an, wollte wissen, was nun los ist. „Was ist denn los, was haben die gesagt?"

„In Bad Lippspringe gibt es eine Klinik, die Leon be-stimmt behandeln würde, ich war doch auch schon sel-ber in dem Krankenhaus, so doof, dass ich nicht selbst darauf gekommen bin!", sagte Andreas vorwurfsvoll zu sich selber.

Der Anruf in dem Krankenhaus in Bad Lippsspringe dauerte keine zehn Minuten: „Ja, Leon liegt bisher noch in der Paderborner Klinik … richtig … ein Luftröhrenschnitt und PEG … genau … acht Monate ... ja, das wäre gut. Vielen Dank!"

Zwei Tage später kam Dr. B. von der Klinik in Bad Lippspringe, in Absprache mit den versorgenden Ärzten von Leon, zum Krankenhaus nach Paderborn. Leon war wach und gut drauf, lachte, als er Dr. B. sah, der an Leons Bett trat. Um sich Leon genauer anschauen zu können, schob er das Gitter nach unten, beugte sich über Leon und sprach flüsternd zu unserem Kleinen, was ich aber nicht verstanden habe. Gespannt warteten wir alle auf die Entscheidung von Dr. B.

Im Augenwinkel sah ich, wie er Leons Kopf langsam sorgfältig und mit Bedacht nach oben streckte, dabei übersah er, dass Leons Nasalbeatmung sich immer weiter herausschob, denn Dr. B. hatte aus Versehen seinen Ellenbogen auf die Beatmungsschläuche gedrückt. Bevor ich überhaupt reagieren oder etwas sagen konnte, lag der Schlauch schon neben der Nase. Leon bekam keine Luft mehr, das Beatmungsgerät fing an Alarm zu schlagen, danach das Oxyshuttle, Leons Sättigung ging bedrohlich schnell in Keller. Die Krankenschwestern schickten uns raus, aber ich wollte bei Leon bleiben, doch eine von ihnen schob mich sanft aus dem Raum. Ich konnte noch sehen, wie Leon sein Gesicht verzog, als würde er weinen, er tat mir so leid, aber ich machte mir auch Sorgen, dass Dr. B. wegen der Situation die OP nicht mehr durchführen würde. Er war unsere Chance, Leon nach Hause zu bekommen.

Die Ärzte hatten uns einmal gesagt, wenn die Beatmung von Leon plötzlich unterbrochen würde, gäbe es nur eine Zeitspanne von zehn Minuten, um Leon wieder zu stabilisieren. In dieser Situation mit Dr. B. dauerte es genau neun Minuten. Nachdem wir uns alle, eingeschlossen unseres Kleinen, beruhigt hatten, kam es zum Gespräch zwischen uns und den Ärzten.

„Es tut mir nochmals furchtbar leid, dass das jetzt passiert ist, geht es Leon wieder besser?", fragte Dr. B. Andreas und mich.

„Ja, er lacht wieder, Leon ist ein kleiner Kämpfer, nicht umsonst wird er ‚kleiner Löwe' genannt", grinste ich Dr. B. an.

„Gut, ich habe schon mit Dr. B. gesprochen ... und wir würden gerne die OP am 23.10. machen!"

Mir fiel ein ganzer Felsen vom Herzen, bedankte mich mehrfach bei dem Retter, der uns die Chance eröffnete, Leon endlich nach Hause zu bekommen. Als die Formalitäten erledigt waren, wir die Einwilligung gelesen und unterschrieben hatten, ging es auch schon los. Leon wurde vom Krankentransport von Paderborn nach Bad Lippspringe gebracht. Da wir mal wieder niemanden fanden, der uns nach Bad Lippspringe mitnahm, warteten wir in der Paderborner Kinderklinik auf die Rückkehr von Leon. Die OP sollte ungefähr eine halbe Stunde dauern, mit Rückfahrt circa eine Stunde. Voller Gedanken und Sorgen schlugen wir uns die Zeit mit Kaffeetrinken um die Ohren, liefen auf und ab und bei jedem Krankenwagen, den wir sahen, schauten wir, ob es Leons Krankentransport war.

Gefühlte fünf Stunden später, eigentlich war es nur tatsächlich eine Stunde, kam endlich der ersehnte Krankenwagen auf die Klinik hoch gefahren. Leon war noch im Halbschlaf, als ich ihn endlich in seinem Bett sehen durfte, er kam wieder für ein paar Tage auf die Intensiv-Station, zur Beobachtung. Ich freute mich riesig, endlich seine kleine Stupsnase zu sehen, sie war nicht mehr zugeklebt mit Pflastern. Das Stoma sah gut aus, im ersten Moment war es ein wenig gewöhnungsbedürftig, dass Leon durch den Hals beatmet wurde, aber er sah schön aus.

Ich gab Leon einen Kuss: „Schlaf noch schön, mein Schatz, Mama kommt Morgen wieder, ich liebe dich." Mein Mann tat dasselbe und wir gingen zufrieden nach Hause. Ohne Führerschein und Auto, auch mit dem Finanziellen hatten wir so unsere Schwierigkeiten, gaben wir uns Mühe, so häufig wie nur möglich Leon zu besuchen und auch die Gespräche wahrzunehmen, die relevant waren für die spätere Entlassung. Aber manchmal konnten wir nur einmal oder zweimal die Woche Leon besuchen, das hatte nichts damit zu tun, dass ich oder mein Mann Leon nicht liebten oder er uns egal war, es ging einfach finanziell nicht. Gut, es werden sicherlich manche nicht verstehen oder auch sagen, es sei eine Ausrede, aber ich fühlte mich selber schon beschissen genug, Leon nicht bei mir gehabt zu haben. Nur diese ewigen Erklärungen, warum wir heute nicht zu Leon konnten, hatte ich auch satt.

Auch die Krankenschwestern, Ärzte und Sozialarbeiterin verstanden meine finanziellen Probleme nicht: „Es geht hier um Leon, Ihren Sohn, und Sie machen nichts anderes als hier mal anzurufen oder nur einmal pro Woche vorbeizukommen, vielleicht ist Leon in einem Pflegeheim besser aufgehoben?" Vorwurfsvoll und ärgerlich schaute mich Dr. R. an.

„Wir versuchen alles, um für Leon da zu sein, nur uns wird ständig alles infrage gestellt!"

„Es ist bei uns schwierig, statt uns entgegenzukommen, gibt es nur Vorwürfe!", warf mein Mann dem Arzt an den Kopf.

„Damit wir Leon nach Hause entlassen können, muss Ihre Frau auch noch den Umgang mit Leon lernen, da wäre es sinnvoll, wenn Sie zwei Wochen in unserem Schwestern-Wohnheim bleiben könnte."

„Ja gerne, auf jeden Fall möchte ich das", freute ich mich. Ich blieb diese zwei Wochen in der Klinik, und es gab keine große Einarbeitung, sondern es hieß, „ab ins kalte Wasser, Mama". Um fünf Uhr morgens klingelte mich eine Nachtschwester aus dem Bett, dann hieß es Waschschüssel, Waschlappen, Pampers, Anziehsachen und die Pflegeutensilien für die PEG und Stoma bereitlegen. Leon schlief noch tief und fest, dabei war ich ein wenig unsicher, ob ich den Kleinen wecken sollte oder nicht. Ich entschied mich Leon zu wecken, fing schon mal langsam an ihn zu streicheln, mit ihm zu reden, dann öffnete der Kleine seine Augen, guckte mich an, fing an zu grinsen: „Mama, möchte dich ein bisschen frisch machen. Ja? ... Komm ... vorsichtig ... anziehen und waschen, mein Schatz." Flüsternd sprach ich Leon an. Er war so selig und ruhig, dass es sich auch auf mich übertrug. Das erste Mal anziehen und Kanüle sauber machen, PEG-Kompresse wechseln dauerte eine ganze Stunde, aber wir beide hatten es geschafft.

In den nächsten Tagen wurde ich immer routinierter und es klappte immer besser, bis der Tag des Kanülen Wechsels kam. Mein Bruder Martin und Andreas kamen an dem Tag zu Besuch, wir unterhielten uns ein wenig darüber, was ich alles machen durfte, und ich erzählte stolz, wie ich es gemeistert hatte. Plötzlich mitten im Gespräch kam eine Schwester rein: „Sie müssen noch die Kanüle wechseln, hier lege ich Ihnen die neue Kanüle hin und hier stehen die Wattestäbchen."

Die Schwester zeigte auf einen kleinen Wagen auf Rollen, da standen viele medizinische Pflegesachen drauf, von Wattestäbchen bis hin zu Cremen und Wundheilsalben: „Bitte ziehen Sie Handschuhe an, wenn Sie die Kanüle wechseln. Die Kanüle wird geöffnet, aber nicht aus der Verpackung genommen, damit die Kanüle nicht verdreckt."

„Was ist das hier für ein Instrument?", fragte ich neugierig und zeigte auf eine Art kleine Zange, die leicht nach innen gebogen war.

„Das ist ein Spekulum zum Spreizen des Tracheostomas. Es kann passieren, dass Leon beim Entfernen der alten Kanüle sein Stoma verkrampft und es sich schließt, mit diesem Spreizer können Sie das Stoma öffnen und die neue Kanüle einlegen."

Ich schaute ein wenig ängstlich.

„Machen Sie sich keine Sorgen, wir sind in der Nähe, wenn etwas sein sollte, viel Glück!", sagte sie und ging aus dem Zimmer.

Martin starrte mich jetzt schon verschwitzt vor Angst und Aufregung an: „Sollst du das jetzt alleine machen?"

„Ja, ich denke schon." Ich sah dabei Leon an: „Na, mein Schatz, wir schaffen das, oder?"

Andreas ging eine Zigarette rauchen, er konnte sich das nicht ansehen. Na vielen Dank, dachte ich mir, aber mich hatte es angespornt, es zu versuchen. Handschuhe an, Leons Kopf leicht nach hinten strecken, so ... geschafft. Dann Kanüle bereitlegen, Spreizer, Kompressen. Damit die Trachealkanüle an Leons Hals keine Druckstellen hinterlässt, wurde diese zwischen Hals und Kanüle gelegt. Ich fing furchtbar an zu schwitzen vor Angst, mein Bruder Martin stand mir mittlerweile wieder am Bett gegenüber und schaute mich mit großen braunen Augen fragend und gleichzeitig stutzig an.

„So, alles bereit, dann wollen wir mal loslegen, Leon ... ja?" Mit zittrigen Händen öffnete ich das Halsbändchen, das die Trachealkanüle am Hals fixierte, atmete einmal, auch ein zweites Mal tief ein. „Bist du sicher, Steffi, dass du das jetzt machen sollst?"

„Ja, haben die Schwestern doch gesagt, also muss ich da nun durch!" Zitternd und ängstlich sprach ich die Worte, allerdings versuchte ich cool zu wirken, um Martin nicht noch mehr in Panik zu versetzen. Also sagte ich anschließend noch: „Die haben es mir es auch vorher noch einmal gezeigt."

Das war eine große Lüge, aber in dieser Situation wollte ich nicht ganz alleine dastehen und Martin wäre garantiert weggelaufen, wenn ich ihm die Wahrheit verklikkert hätte. Und es half und Martin wurde ruhiger. Schwitzend und völlig fertig nach einer Stunde packte ich die Utensilien wieder vom Bett weg, nachdem ich Leon angezogen und gewaschen hatte. Es war alles gut gegangen. Wir hatten es geschafft, stolz und mit erho-

benem Kopf schritten Martin und ich über den Klinikflur Richtung Schwesternzimmer und berichteten voller
Stolz, wie es gelaufen war.

Ein paar Wochen später konnte ich den Kanülen Wech-
sel im Schlaf, auch die Gerätschaften wie das Beatmungsgerät oder den Oxyshuttle konnte ich gut bedie-
nen. Ich konnte auch unterscheiden, ob der Shuttle nun
piept, weil es Leon schlecht ging, oder ob der Shuttle
einfach nur einen Übertragungsfehler hatte, zum Beispiel durch einen Kontaktfehler der Sensoren, die an
seinem großen Zeh oder an seinem Finger klebten.

Ein wenig war es eine Ausbildung zur Krankenschwester mit den ganzen medizinischen Kenntnissen,
die man für das eigene Kind brauchte. Nun war für mich
klar, dass ich es allein zu Hause schaffen konnte, und
bat um ein Gespräch mit Dr. H. „Nun, Frau Körner wie
waren die zwei Wochen hier in der Klinik?", fragte er
mich mit etwas Sarkasmus.

es war toll", antwortete ich. „Ich habe viel lernen dürfen, wie ich die Pflege mit Leon durchführen muss, und
auch Leon selber durfte ich ein wenig besser kennenlernen, sein Schlafmuster, seine Wachzeiten, das Lieb-
lingsspielzeug." Während ich sprach, ging mir immer
wieder ein kleines Lächeln über die Lippen, während
der Arzt nicht sehr freundlich dreinschaute.

„Wann kann Leon denn nun nach Hause?", fragte mein
Mann plötzlich.

„Das wissen wir noch nicht, da Leon wahrscheinlich
noch in eine Reha kommen soll, vielleicht für sechs
Wochen oder mehr!" Dr. H. erzählte weiter: „In Kassel

gibt es eine Reha-Klinik, die Leon schon übernehmen würden."

Der Ton des Arztes gefiel mir nicht, etwas gequält gelangen ihm diese Sätze. Was hatte Paderborn wieder vorgehabt? Na gut, eine Reha würde unserem Kleinen nicht schaden, das halte ich wohl noch aus. Aber was mir in Kassel noch widerfahren sollte, ahnte ich zu dem Zeitpunkt noch nicht.

Ein paar Monate später reiste Leon von Paderborn nach Kassel in eine Kinderklinik mit integrierter Frühförderungsstation, die Pädiatrie. Am ersten Tag kam unser Kleiner erst wieder auf die Intensivstation, die war im Gegensatz zu den anderen Krankenhäusern, wo Leon gelegen hatte, unten im Erdgeschoss. Die Station war riesig, gleich nach der Glastür, die automatisch öffnete, lagen ein großer Flur und viele separate Zimmer. Mein Sohn lag hinten in einem Zimmer, wurde gerade fertig gemacht, als ich das Zimmer betrat. Eine Schwester lächelte mich an grüßte mich freundlich mit einen hessischen Dialekt: „Hallo, Frau Körner, mein Name ist Schwester Helena, ich habe Leon gerade ein wenig frisch gemacht und an seine Geräte angeschlossen. Der Kleine ist ja richtig goldig, grinste mich an und freute sich", erzählte Helena mir stolz mit einen Grinsen im Gesicht.

Als Erwiderung begann ich auch zu grinsen: „Ja, der Kleine ist trotz seiner Krankheit ein fröhliches Kind", stellte ich klar. Mit Leons Lieblingskuscheltier in der Hand wandte ich mich meinen Sohn zu, streichelte ihm über seine Wange und flüsternd erzählte ich ihm, wo er nun ist und was er da solle. Leon nahm es gelassen, schaute mich mit seinen großen, wunderschönen blauen Augen an und freute sich des Lebens.

Keine Ängste oder ein mulmiges Gefühl hatte ich bei Leon wahrgenommen, so wie immer, er nahm die Sache so, wie sie eben kam, einfach und geduldig. Mein Stolz auf Leon wurde Monat für Monat immer stärker, auch die Liebe wuchs, nur war mir und meinen Mann klar, dass wir Leon hier in der Reha nicht so häufig besuchen konnten wie in Bielefeld oder Paderborn, denn Kassel lag 144 km von unseren Wohnort entfernt. Mit einen Auto ist diese Strecke schnell überwunden, doch unsere finanzielle Situation war in den letzten Monaten zwar nicht besser, aber auch nicht schlechter geworden. Statt Essen zu kaufen haben wir jeden Cent in Bus und Bahn gesteckt, aber bisher war es den Kliniken auch nicht genug, daher war ich ein bisschen nachdenklich geworden, wie es wohl in Kassel sein wird. Während ich nachdachte, kam Andreas ins Zimmer herein, streichelte Leon über die Wange, fing an zu grinsen und sprach liebevoll zu Leon: „Hallo, mein Schatz, naa ... wo bist du denn hier wieder gelandet ... hmm?"

„Leon kommt morgen früh auf die Pädiatrie, da erst morgen ein Kind oben entlassen werden kann, habe die dann erst Platz für ihn", gab ich meinem Mann an.

„Was bitte?"

Ich entschuldigte mich bei meinem Mann für den Fachausdruck und stellte klar, dass es sich um die Reha-Station handelte.

„Ja, ist in Ordnung!", gab er zurück, ohne den Blick von Leon zu lassen. Ein paar Stunden spielten wir noch mit Leon, bis dann Essens- und Ruhezeit war, da mussten wir die Station verlassen. Wir verabschiedeten uns noch von unseren Schatz und gingen hinaus. Es gab Momente bei uns, Momente, die uns zweifeln ließen, alles in unserer Macht Stehende für Leon zu tun – dies hatten besonders bei mir die Kliniken entfacht, sie gaben mir das Gefühl, eine schlechte Mutter zu sein. Entweder wegen zu wenig Besuche oder weil wir keine große Wohnung hatten, es gab viele Gründe, die ich bis heute nicht gerechtfertigt finde.

Mein Leben, seitdem ich 16 Jahre alt war, drehte sich nur um Kliniken, Jugendämter, Sozialarbeiter, und alle kämpften nicht für uns und so auch nicht für das Wohl des Kindes. Ausgelaugt und garantiert ein wenig unter psychischem Stress machte ich Tag für Tag immer weiter ohne zu klagen, mein Mann ging arbeiten, in seiner Freizeit besuchten wir gemeinsam Leon, so oft es eben ging und es unser Geld zuließ. Manchmal nahm uns auch einer aus der Familie mit, dafür waren wir dankbar.

Viel zu sensibel war ich gewesen, und so habe ich bei fast bei jedem Gespräch angefangen zu weinen, es musste keinen Grund dafür gegeben haben. Nach Kassel fuhren wir, wenn es richtig gut lief, jede Woche einmal runter. Entweder mit dem Zug oder eben mit einem Familienmitglied. Leons Entwicklung konnte man während des Aufenthaltes in der Reha schon richtig spüren, seine ersten Zähne bekam er und er war gewachsen, das merkte man, weil ich ihm neue Klamotten kaufen musste. Seine Bewegungen wurden auch ein bisschen besser, er konnte zum Beispiel seinen Fuß in die Hand nehmen und zu sich ziehen, das war in Paderborn noch nicht möglich gewesen. Das freute uns und machte uns weiterhin Mut, noch ein Weilchen durchzuhalten.

Damit ich aber diesmal nicht allzu viel verpasste, ließ ich mich wieder für zwei Wochen in einem Schwesternwohnheim nieder, um mehr von den Therapien, die er dort bekam, zu erfahren und auch mitzubekommen. Die Krankengymnastin war eine ältere, kleine, zierliche Frau mit schwarzen kurzen Haaren. „Hallo ... na, Leon, ist Mama auch da, das ist ja schön!" Sie klang erst sehr freundlich, aber je mehr sie sprach, desto mehr klang sie sarkastisch.

In den ersten Tagen dachte ich, ich würde es mir einbilden, und verbarg meine Wut gegen diese Krankengymnastin, obwohl die Frau mir nie etwas tat, mochte ich ihre Art einfach nicht. Vielleicht weil sie mir wieder mal kleine Erziehungstipps gegeben hatte, ich wollte es einfach selber ausprobieren, ich hatte es langsam satt, einfach nur zu sehen, wie Leon fertig gemacht wurde oder durchbewegt worden ist von der Krankengymnastin. Innerhalb der zwei Wochen nahm ich meinen Mut zusammen und fragte die Krankengymnastik, ob ich die Handgriffe auch mal versuchen könnte, um Leon damit zu unterstützen: „Ja, gerne, kommen Sie, ich zeige es Ihnen, es ist nicht so schwer!"

Verblüfft starrte ich die Krankengymnastin an, damit hatte ich nicht gerechnet, dass sie sofort zustimmt, aber ich freute mich natürlich und es machte die Frau etwas sympathischer. Die Handgriffe beherrschte ich ziemlich fix, und sobald ich nachmittags bei Leon saß, bewegte ich seine Beine spielerisch, um die Muskulatur aufzubauen, die wichtig war zum späteren Krabbeln, was er durchaus erlernen konnte. Die Bisphosphonat-Therapie, die seit Bielefeld nun schon lief, gab uns das Gefühl, dass seine Brüche weniger wurden und seine Mobilitäten zunahm. Daher förderten die Therapeuten das, was

Leon im Prinzip schon von alleine anfing, wie seine Hände zu den Füßen zu bewegen oder sich schon langsam, noch nicht ganz, aber schon sehenswert auf die Seite zu drehen.

Damit die Brüchigkeit der Knochen Leon nicht wieder zurückwarf, strebten die Therapeuten das Ziel lieber langsamer an, Leon wieder ins Leben der Mobilität zu bringen, statt ihn mit „Gewalt" dazu zu bringen, „dahin begleiten" hieß es immer und nicht „therapieren", ein liebevolleres Wort, meinem Empfinden nach. Zweimal die Woche bekam Leon auch Musiktherapie, das fand Leon besonders toll, da konnte er mal so richtig zeigen, was er konnte. Die Trommeln schlug er schon mit so einer Wucht, dass die Trommel fast schon aus den Händen der Therapeutin fiel: „Wow, Leon, super gut machst du das!", lobte die Musiklehrerin.

„Er hat doch die Glasknochen, richtig?" fragte sie mich erstaunt.

„Ja, das ist richtig!", antwortete ich.

„Wahnsinn, und so eine Kraft hast du, kleiner Mann!"

Es gab auch einen so genannten Snoozle-Raum, wo sich die Kinder auch mal von dem ganzen Trubel verziehen konnten. Dort gab es bunte Tücher, die von der Decke hingen, Lichterröhren, wo Plastikfische zu Blubberblasen tanzten, die die Farben wechselten, es gab dazu leise Musik zum Schlummern. Leon liebte diesen Raum, nur allzu viel Zeit am Tag blieb uns nicht, dorthin zu gehen.

Der Termin-Kalender war voll und teilweise überstrapazierend für ein kleines Kind. Morgens schon um sechs Uhr aufstehen, waschen, Zähne putzen, PEG und Trachealkanüle säubern (einmal in der Woche wurde sie gewechselt), frühstücken, dann kam schon die Krankengymnastik, eine Stunde später die Ergo, daraufhin die Ärzte zur Visite oder die Sozialarbeiterin, die mich kennenlernen wollte, warum auch immer. Dann war schon fast Zeit zum Mittagessen. Mittagsschlaf anschließend, nachmittags kamen dann die ganzen Besucher für die anderen Kinder, da habe ich mich lieber mit Leon in seinem Zimmer verzogen und spielte mit ihm dort oder las ihm leise etwas vor.

In den ersten Tagen war ich alleine in meinem Zimmer, doch das sollte sich ändern. Es kam eine sehr nette Frau hereingeschneit, mit einen Dialekt sprach sie mich gleich an: „Hallo, ich bin Renate, meine Enkelin liegt hier im Wachkoma, und warum sind Sie hier?" Freundlich und aufgeweckt schaute sie mich an.

„Mein Sohn hat die Glasknochen, er ist hier wegen der Früh Reha, um das selbstständige Atmen zu erlernen, und seine Bewegungsmuster sind auch noch nicht ganz ausgeprägt", erklärte ich Renate.

Sie schaute mich plötzlich ein wenig trauriger an, ein wenig wie Mitleid, ich winkte ab: „Aber … alles nicht so schlimm, es hört sich immer schlimmer an, als es tatsächlich mit Leon ist."

Wir haben uns jeden Abend immer noch zusammengesetzt in der Reha, um das Verlernte wieder zu lernen, wenn sie wieder wach werden sollte. Wir unterhielten uns über die Fortschritte unserer Kinder, Jenny lag schon seit ein paar Jahren im Wachkoma, sie ist in einem Pool ertrunken und konnte reanimiert werden, doch die Hirnschäden blieben und so musste die Kleine hierher – ich nenne sie die Kleine, aber eigentlich war sie schon 16 Jahre.

Mein morgendliches Ritual wurde, Jenny auf dem Flur zu begrüßen, danach ging ich zu Leon. Ein kleines Wunder geschah, als ich an einem Morgen wie immer Jenny begrüßte: Eigentlich hatte ich mich daran gewöhnt, dass sie ins Leere schaute, aber an diesen Morgen wanderten ihre Augen und unsere Blicken trafen sich. Überwältigt von diesem Wunder stotterte ich zu Renate, die gerade aus dem Zimmer des Mädchens kam: „Renate, die Jenny guckt mich an, ist das richtig oder bilde ich mir das ein?"

„Nein, sie ist wacher geworden, ich wurde gestern Nacht angerufen von der Stationsschwester, ist das nicht toll."

Freudestrahlend erklärte sie mir Jennys Allgemeinzustand. Natürlich freute ich mich sehr für die beiden, glaubt es oder lasst es, aber keine zwei Tage später konnte sie schon mit etwas Hilfe wieder laufen, ein Wunder! So empfand ich es.

Die zwei Wochen vergingen wie im Fluge, mit ein bisschen mehr Erfahrungen im Gepäck trat ich fürs Erste meine Rückkehr nach Hause an. Leon winkte mir beim Abschied und ich fühlte mich plötzlich erdrückt vor Sehnsucht, aber ich brauchte auch wieder ein paar Tage Auszeit. Mit einem schlechten Gewissen fuhr ich nach Hause, obwohl ich mich auch darauf freute, da waren meine Gedanken ziemlich zwiespältig.

Als ich ein paar Tage zu Hause war, konnte ich mich zusätzlich um wichtige Dinge kümmern. Ich suchte auch Arbeit, um meinen Mann zu unterstützen, denn mit dem kleinen Gehalt kamen wir nicht aus. Allerdings gestaltet sich die Suche schwierig, weil ich immer wieder ins Krankenhaus nach Kassel fahren musste, entweder wegen Gesprächen oder wegen dem Jugendamt, das mir immer weiter zusetzte, Leon doch noch in einem Heim unterzubringen. Auch in Kassel wurde ich nicht verschont von der Sozialarbeiterin, die im Hause der Klinik arbeitete, das musste ich spüren, als ich zum x-ten Mal zum Gespräch fuhr. „Also Frau Körner, Herr Körner, Leon ist nun schon seit sechs Monaten bei uns, und der Kleine ist wirklich ein fröhliches, aufgewecktes Kind trotz seiner Handicaps, aber wir finden, auch die Schwestern der Station, dass Sie überfordert sind, und wenn es schwierig wird, fangen Sie an zu weinen, dazu kommt Ihr Mann und der will Sie in Schutz nehmen."

Ich schaute der Frau ins Gesicht, an liebsten hätte ich ihr ins Gesicht gespuckt, sie weiß nicht, was ich die knapp zwei Jahre schon mitgemacht hatte, immer wieder dieser Kampf um Leon, diese Bitten, ihn endlich nach Hause zu entlassen. Mir fehlte einfach die Energie, die Gespräche weiterzuführen. Dr. B, der Stationsarzt, erklärte weiter: „Es ist schade, dass so ein tolles Kind Eltern hat, die es nicht hinbekommen, den Kleinen zu besuchen. Herr Körner, was machen Sie beruflich?"

„Ich bin Gärtner und arbeite am Tag zwölf Stunden im Sommer, wir geben uns Mühe, hier in die Klinik zu fahren, doch ohne Auto und wegen unserer finanziellen Situation können wir nicht häufig kommen, es ist schwierig mit den Fahrten hierher und auch verdammt teuer, wir essen schon nichts mehr, damit Leon uns und wir den Kleinen sehen können!"

Andreas' Ton wurde immer lauter und wütender, ich merkte, dass auch er keine Lust hatte, sich immer zu wiederholen.

„Das können wir nicht verstehen, das Wohl des Kindes ist es, bei seiner Familie so viel wie nur möglich Kontakt zu haben, man kann arbeiten und gleichzeitig aber auch für ein Kind da sein!", sprach unwissend Dr. B.

Andreas wurde noch wütender: „Ja? Das geht? Sie können also zwölf Stunden am Tag arbeiten, innerhalb der zwölf Stunden auch für das Kind da sein, wenn es knapp zwei Stunden weit entfernt in einem Krankenhaus liegt?"

Da musste auch die Sozialarbeiterin einwenden, dass das nicht möglich ist. Aber das änderte nichts daran, dass die Sozialarbeiterin mir weiterhin ans Herz legen wollte, den Kleinen endlich freizugeben, aber ich blieb stur, und fühlte mich wieder in die Enge getrieben von den einzigen Menschen, die mir eigentlich helfen sollten, die Heimkehr zu gestalten.

Eines Tages fuhr ich alleine nach Kassel runter, um Leon zu besuchen, doch was ich da sehen musste, ließ meinen Atem stocken. Als ich Leons Zimmer betrat, sah ich, dass Leon linkes Bein im Gips war, in einem Gips bei einem Glasknochenkind? Es wurde mit einem Gestell in einem rechten Winkel gelagert. Ich wurde so verdammt wütend und lief ins Schwesternzimmer: „Wieso hat man mir nicht Bescheid gegeben, dass Leon einen Bruch erlitten hatte?", schrie ich die Schwester an.

„Oh, das tut mir leid, davon weiß ich nichts, ich hole eben die verantwortliche Schwester, die Leon heute betreut."

Wütend, aber auch gleichzeitig skeptisch, wie dieser Bruch zustande gekommen ist, ging ich in Leons Zimmer hinein, streichelte Leon am Kopf, küsste ihn und sagte: „Es tut mir so leid, mein Schatz, dass Mama nicht da war."

Meine Tränen wollten wieder in Erscheinung treten und ich sagte mir, keine Schwäche zeigen, Steffi, bloß nicht weinen, stark bleiben, so ermahnte ich mich selber.

Schwester Susi kam herein: „Frau Körner, wir wussten ja nicht, dass Sie informiert werden wollten, wenn es zu einem Bruch kommt, Leon hatte sich das Oxyshuttle-Kabel ums Bein gebunden und daran gezogen."

Um nicht weiter durchzudrehen, denn ich glaubte dieser Frau kein einziges Wort, sagte ich nur: „Okay, wenn Sie dies glauben, was Sie hier sagen, dann okay … gut."

Irgendwann im August reichte es uns und wir schalteten unseren Anwalt ein, aus dem Grund, weil die Sozialarbeiterin mir ständig auflauerte, sobald ich zu Leon kam: „Na, Frau Körner, endlich mal wieder hier!"

„Ich war gerade mal eine Woche nicht da", keifte ich sie an. Es gab noch schlimmere Auseinandersetzungen, die ich aber nicht aufführen möchte.

Unser Anwalt bat uns zu ihm für ein Gespräch, um den Fall aufzunehmen und uns zu erklären, was die nächsten Schritte waren: „Ja … das ist nicht sehr schön … was man da mit Ihnen macht", sagte der Anwalt langsam und bescheiden zu uns. „Also ich verstehe das jetzt so, um das Ganze mal in Kurzversion wiederzugeben, was Sie mir gerade erzählt haben, Leon sollte geplanter Weise nur sechs Wochen in der Reha in Kassel bleiben, mittlerweile sind es sechs Monate?"

„Nein, sieben Monate", sprachen wir fast aus einen Mund.

„Okay, hmm ... ja … und nun sieht es so aus, dass die Sozialarbeiterin Ihre Frau erniedrigt, unter Druck setzt, Leon in eine Heimeinrichtung zu bringen."

„Ja, richtig."

„Es war einmal geplant, ihn in ein Heim zu bringen, aber in Paderborn hatten wir schon dasselbe Problem, immer mit dem Jugendamt oder mit den Sozialarbeiterinnen, nur Vorwürfe und Erniedrigungen hören wir, nie etwas Gutes." Ich sprach verhalten, um nicht die Kontrolle über mich selber zu verlieren.

„Und Leon geht es so weit gut, dass er im Großen und Ganzen auch nach Hause entlassen werden könnte, ist das korrekt?" In seine ausgeglichene, leise Stimme legte sich Wut hinein.

„Ja, soweit wir das wissen, ist er eigentlich seit fünf Monaten austherapiert, sodass er zu Hause weiter betreut werden könnte, allerdings meinte die Sozialarbeiterin noch, wir bräuchten, um einen Pflegedienst zu bekommen, einen extra Raum mit Badezimmer, eigene Küche und so weiter, auch hatte Leon einen Beinbruch erlitten, das Erste war, dass wir nicht darüber informiert wurden, und man sagte uns, Leon hätte sich das selber zugefügt, aber das glaube ich nicht, Leon hat nicht so viel Kraft", hob ich noch hervor.

Ungläubig schaute mich der Anwalt an: „Okay, das reicht mir fürs Erste, ich werde Kassel einen Brief schreiben mit der Bitte, Leon so schnell wie nur möglich zu entlassen und Maßnahmen zu ergreifen, damit Leon sicher zu Hause versorgt werden kann!"

Der Brief vom Anwalt traf schon eine Woche später in Kassel und bei uns zu Hause als Kopie ein. Erleichterung machte sich bei uns jetzt schon breit, denn es tat gut, endlich mal jemanden auf „unserer Seite" zu haben. Im November klingelte plötzlich um acht Uhr morgens mein Handy, ich war noch im halb Schlaf als ich den Hörer an Ohr hielt und eine Stimme, die ich nicht sofort erkannt hatte, sagte: „Wir haben den Brief Ihres Anwaltes gelesen ... nun ... wir werden versuchen, Leons Entlassung so bald wie möglich vorzubereiten, allerdings brauchen wir dann von Ihnen noch eine Unterschrift!"

„Ja, die Papiere können Sie mir per Post schicken, ich werde es unterschrieben an Sie zurückschicken." Auf Anraten meines Anwaltes sollte ich keinen Kontakt mehr mit Frau Fred, der Sozialarbeiterin, aufnehmen.

Vier Tage verstrichen und in der Post lagen der vorläufige Entlassungsbericht und noch ein paar Sachen zum Unterschreiben bereit. Mein Glück konnte ich kaum fassen, ich tanzte durch unsere kleine Wohnung und hätte die ganze Welt umarmen können. Der Entlassungstag sollte der 28.12. werden. Ein Pflegedienst war von der Klink auch schon geordert worden, die mir allerdings einen Brief schrieben, dass der Entlassungstermin erst einmal nicht eingehalten werden konnte, denn es müsse noch ein Pflegeteam gefunden und eingearbeitet werden, und das würde wohl etwas länger dauern.

Eigentlich war es mir egal, wie lange es nun noch dauern könnte, wann Leon nun nach Hause kommt, allerdings war mein Wunsch schon noch vor Weihnachten. Es folgte viel Schriftverkehr zwischen Kinderklinik und Pflegedienst, bis dann der Pflegedienst sich ankündigte, zum Gespräch nach Hause zu kommen. Der Pflegedienstleiter und die Leiterin kamen pünktlich, ich hatte vorher ein wenig Ordnung gemacht, war aufgeregt, was auf mich noch zukommen würde, war aber auch gespannt, wie der Pflegedienst arbeitet und wie lange, wie eben die Struktur aussehen wird.

Wir setzten uns in die Küche am Tisch, die Frau stellte sich vor und auch der Mann, sie waren sehr freundlich. Trotzdem hatte ich immer noch die Angst im Nacken, dass es genauso ausartet wie in den Kliniken, Angst davor, mich wieder beweisen zu müssen. Es wurde es auch nicht besser, als Frau E. sagte: „Wir arbeiten immer mit den Familien zusammen, denn wir sind hier bei Ihnen zu Hause im eigenen Reich, und es wird alles mit Ihnen abgesprochen." Es hörte sich alles super an, wir würden einen 24-Stunden-Dienst bekommen, der auch nachts da wäre, damit ich schlafen konnte.

Herr Peter merkte noch an: „Natürlich muss sich in der ersten Zeit erst alles einspielen, bis dann alles so läuft, wie man es gerne hätte, aber ich denke, wir schaffen das zusammen."

„Gut." Da ich ziemlich aufgeregt war, bekam ich keinen wirklichen Ton raus, daher nickte ich nur stumm, Fragen hatte ich zu diesem Zeitpunkt keine. Frau E. machte auf mich einen Eindruck, der mir ein wenig einschüchterte, sie sah sehr streng aus, war allerdings die Zeit des Gespräches sehr freundlich, aber trotzdem sehr bestimmt. Ich fühlte mich zwiespältig, auf der einen Seite freute ich mich auf Leon, auf der anderen Seite hatte ich auch ein mulmiges Gefühl.

Bei der Einarbeitungszeit des Pflegedienstes in dem Krankenhaus war ich dann doch dabei, damit ich mir schon mal einen nüchternen Eindruck machen konnte. Die erste Frau hatte ich nicht wirklich kennengelernt, denn Vorstellen war der kurzhaarigen Brillenträgerin wohl nicht wichtig gewesen, und so beobachteten wir uns gegenseitig. Ich spielte mit Leon auf dem Flur, er lag auf einer dicken Decke und rasselte mit seiner Tick-Tack-Dose, die ich ihm einmal mitgebracht hatte. Im Augenwickel sah ich, wie die Frau sich Notizen auf einen Block schrieb, ein wenig komisch kam ich mir schon vor. Zwei Wochen bevor der Pflegedienst kam, nahm ich mir noch mal die Zeit und ließ mir wieder ein Zimmer geben im Schwesternwohnheim, um Leons Gerätschaften kennenzulernen, auch hatte Leon einen tollen Reha-Buggy von der Station bekommen. In diesen konnte man Leon reinsetzen wie in einen Kinder-Autositz. Unter dem Sitz wurde ein großer Korb fixiert, dort stand das Beatmungsgerät, der Oxyshuttle, und die Sauerstoffflasche konnte man seitlich mit Schellen festklemmen. Leon da hineinzusetzen war nicht einfach, denn die Luft, welche aus dem Beatmungsgerät zu Leon strömte, wurde mit einer separaten Heizung erwärmt und befeuchtet. Alles das, was unsere Nase übernimmt, übernahm diese Heizung am Bett, und wenn wir mit Leon spazieren gehen wollten, musste der Beatmungsschlauch von der Heizung getrennt werden und ein Zwischenstück, eine Art feuchte Nase, daran angeschlossen werden, damit es wieder einen geschlossenen Kreislauf ergab.

Leon konnte trotz neunmonatigem Reha-Aufenthalt immer noch nicht selbstständig atmen, daher war es wichtig, die kontinuierliche Beatmung zu gewährleisten. Die Entwöhnung sollte allerdings zu Hause weitergeführt werden. Es gab im Grunde genommen keinen wesentlichen medizinischen Grund mehr, warum Leon nicht selber atmen konnte oder wollte.

Der Pflegedienst gab mir aber an: „Die pflegerischen Maßnahmen werden so wie in Kassel bei Ihnen zu Hause weitergeführt, und dann schauen wir weiter."

Die Frau mit den kurzen Haaren stand immer noch an die Türzarge gelehnt und schaute uns beim Spielen zu. Am Abend machte ich Leon fertig und musste dabei ein wenig erzählen, warum ich dies und das mache und wie ich das Handling mit dem Glasknochenkind bewerkstellige, ohne ihm wehzutun. Eine sonstige Unterhaltung führten wir allerdings nicht, schweigsam folgte sie meinem Handling und schrieb immer noch in das Notizbuch. Es folgten in den Tagen darauf noch ein paar andere Schwestern. Eine Schwester fand ich sofort sympathisch, sie hatte eine Art an sich, die ich überschaubar fand, faszinierend und gleichzeitig bewunderte ich diese Schwester. Sie hatte nicht allzu viel gesagt über sich selber, aber ich spürte eine ziemliche freundschaftliche Bindung zu ihr, natürlich musste ich auch als Mutter „Profi" sein, daher zeigte ich meine Gefühle nicht, auch aus Angst, dass meine Gefühle wieder ausgenutzt werden könnten.

Schon fast beschämt starrte ich die Schwester an, ich versuchte mich zu beherrschen und wandte mich zu Leon und zeigte ihr professionell meine Erfahrungen des Handlings, denn beim Anziehen oder Versorgen von Leon kann es immer passieren, dass eine Fraktur herbeigeführt werden konnte. Das ist das Risiko, mit dem man klarkommen muss, man muss ohne schlechtes Gewissen auch eingestehen können, „ich habe Leon glaube ich beim Anziehen den Arm gebrochen". Das hört sich im ersten Moment ziemlich bösartig an, aber bei Leons Knochen handelte es sich um die schwerste Form der OI. Somit hatte unser Kleiner schon im Bauch einige

Frakturen bekommen, daraus konnte man schließen: ein wenig nicht aufgepasst und schon knackte es. Diese Scheu muss man erst einmal ablegen können, dann kann man auch mit einem Glasknochenkind arbeiten, ansonsten ist man da fehl am Platze.

Leon bekam zwar seit seinem vierten Lebensmonat die Aredia-Therapie, die war aber damals nicht richtig erforscht bei der Osteogenesis, daher wussten wir nicht, wie Leon damit klarkam. Ein bisschen fieberte er immer während der Therapie, doch sonst wies er Besserungen auf, zumindest hatte er seit seinem letzten Beinbruch im März keinen neuen Bruch gehabt, das machte mich glücklich. Einen Tag bevor Leon nach Hause durfte fuhr ich schon mit meiner Mutter samt Buggy, der noch in der Reha bestellt wurde, und den Anziehsachen nach Hause. Denn die Pflegedienst-Schwester Frau E. wollte am Abend noch mit mir zusammen das Zimmer herrichten und die Pflegeartikel alle verstauen in den Schränken. Frau E. kam so gegen 16 Uhr und versicherte mir: „Das dauert nicht lange, ich habe hier noch ein paar wichtige Artikel mitgebracht, die können wir auch noch verstauen." Sie kam mit unendlich vielem Papierkram, Ordnern und noch einigen Dingen.

„Ist Leons Krankenbett noch nicht da?" Frau E. blickte in Leons Zimmer hinein und sah kein Bett, ich versicherte ihr, dass das Bett morgen noch bevor Leon nach Hause kommt da sein wird. „Es dauert nicht lange", diesen Satz hatte ich immer noch in meinem Kopf, schaute auf die Wanduhr: „Es ist schon kurz vor halb zwölf, wollen wir den Rest nicht morgen weitermachen?", fragte ich müde Frau E. „Nein, ich mache das hier noch fertig!", erwiderte Frau E. ein wenig schnippisch.

Die Müdigkeit drohte bei mir zu siegen, ich versuchte wirklich mich zu beherrschen, doch es brachte nichts mehr, ich verabschiedete mich von der Schwester und ging ins Bett, wann die Pflegerin nach Hause fuhr, hatte ich nicht mehr mitbekommen. Am nächsten Morgen stand ich schon früh auf, um noch ein wenig Ordnung zu machen. Leon sollte um circa zwölf Uhr endlich nach Hause kommen, allerdings durch den Schneefall am vorigen Abend erschwerte dies die Fahrt nach Hause für den Krankentransport, also wurden aus „zwölf Uhr" fast unerträgliche, ungeduldige und aufregende mehrere Stunden mehr. Leons Krankenbett kam am Nachmittag endlich bei uns an, es wurde aufgebaut und liebevoll von mir hergerichtet, damit Leon es schön kuschelig hatte. Um 17 Uhr sah ich endlich aus dem Kinderzimmerfenster den Krankenwagen, der auf den Hof fuhr und stoppte. Eilig rannte ich die Treppen herunter ins Freie und begrüßte Leon, als er mit dem Bett heruntergetragen wurde. Mein Glück konnte ich immer noch kaum fassen, es war schön, endlich das eigene Kind bei sich zu haben, nach knapp zwei Jahren waren wir endlich eine Familie. Dadurch, dass ich in den Kliniken so um Leon kämpfen musste, hielt ich mich so sehr an Leon fest, dass die Krankenschwestern erst gar nicht an mich oder Leon herankamen. Die Pflege übernahm ich, das ganze Drumherum die Pflegerinnen, wie Apothekenbestellungen, Nahrungsbestellungen (Sondenkost) und noch ein paar Dinge.

Doch auch die Schwestern mussten lernen, mit dem Handling klarzukommen, daher gab es ein paar Tage später das erste Gespräch zwischen dem Pflegedienst und mir. Meine Einstellung erschwerte die Zusammenarbeit, denn ich war schon ein wenig besitzergreifend geworden, aber nicht absichtlich, sondern aus dem Grund, endlich allen beweisen zu wollen, dass ich Leon liebte und ich für ihn sorgen konnte, und das auch allein.

Die Angst, wieder das Jugendamt zu treffen oder wieder meinen Status gegenüber Leon klarmachen zu müssen, erschwerte es dem Pflegedienst, offen zu erscheinen. „Wir wollen mit Ihnen Zusammenarbeiten, es ist toll, was Sie hier alles machen möchten, das können wir verstehen, doch ein wenig mehr Vertrauen können Sie uns schenken", meinte Frau E. Es dauerte eine verdammt lange Zeit, bis ich wirklich sagen konnte: „Ja, die Pflegerinnen helfen mir und meinem Kind, sie arbeiten mit mir, nicht gegen mich."

Frau E. konnte mein Verhalten nicht verstehen, woher auch, sie wusste nicht, was in den Krankenhäusern passiert war, aber ihr das direkt auf die Nase binden wollte ich nun erst mal nicht, zu groß war damals die Angst, dass sie noch Kontakt mit Kassel hatte.

Um das Petzen ging es da nicht, eher um die Einstellung von ihr gegenüber mir, denn ein Ziel hatte ich ganz klar vor Augen. Nämlich besonders Frau E. beweisen, dass ich nicht so bin, wie es in der Klinik behauptet wurde, dass ich mich ganz im Gegenteil gut um Leon kümmern konnte, dass ich ihn lieb hatte, dass er mir alles bedeutete. „Ich gebe mir Mühe, in Zukunft auch mal euch die Pflege zu überlassen, in den ersten Wochen war ich froh, Leon einfach mal selber zu erleben und die Pflege zu übernehmen, ohne dass jemand ankam und mir es wieder nicht zutraute." Verlegen schaute ich Frau E. an und merkte, dass sie mir es nicht wirklich glaubte, was ich da sagte, große Erklärungen machten es nicht besser, glaubte ich.

Aber ich arbeitete immer mehr an mir selber, auch die Verantwortung den Pflegerinnen zu überlassen. Leon wurde zwei Wochen, nachdem er zu Hause war, krank. Er hatte rote Petechien am ganzen Körper und fieberte sehr hoch. Eine Krankenschwester kam morgens zu mir und berichtete mir dies, ich entschied die Kinderärztin anzurufen, Leon bekam Nurofensaft und Antibiotikum verschrieben. Ich hielt es auch für angebracht, Leon viel schlafen zu lassen, doch das meinte die Pflegerin anders und wollte jede halbe Stunde die Temperatur messen. „Hier ist das Fieberthermometer, messen Sie doch bitte noch mal."

„Wir haben gerade gemessen und die Temperatur lag bei 39 Grad, jetzt ist er gerade eingeschlafen!"

Ziemlich sauer war ich gewesen, aber die Schwester ließ nicht locker und ich maß mal wieder Temperatur, na ja, es war nicht besser, aber auch nicht schlechter geworden und Leon war wieder wach und weinte sichtbar, aber nicht hörbar. Weil Leon voll beatmet wurde und eine Trachealkanüle trug, bekam er keine Luft durch seine Stimmbänder. Er tat mir leid und ich nahm ihn mit ins Wohnzimmer, um mit dem Kleinen zu kuscheln, doch auch das ließ mich die Schwester nicht machen, alle fünf Minuten kam sie herein und wollte die Temperatur sehen.

„Nein! Jetzt ist Schluss!", schrie ich sie an. „Leon soll erst mal ein wenig schlafen, er hat Saft bekommen, der erst mal seine Wirkung zeigen muss, später können wir noch mal messen ... jetzt nicht!"

Ich war so wütend geworden, dass mich jeder im Haus hätte hören können. Die Kinderärztin kam am nächsten Tag zum Hausbesuch, hörte Leon ab, ganz sorgfältig und vorsichtig.

„Es sieht ganz gut aus, das Antibiotikum nimmt die Arbeit auf, ein gutes Zeichen, geben Sie das noch vier Tage und dann komme ich noch mal her."

Dr. L. sprach liebevoll und aufrichtig zu mir.

„Gut, in Ordnung, das werden wir machen, vielen Dank." Ich brachte die Kinderärztin zur Tür, nachdem wir einen neuen Termin gemacht hatten. In der Zeit bekam Leon noch keine Therapien, ich sagte die Therapeuten ab und vertröstete sie für die nächste Woche.

Jenny war unsere Krankengymnastin, sie konnte bei Leon sehr viel erreichen, mit kleinen Handgriffen hatte sie Leon dazu gebracht, sich immer mehr zu bewegen. Der Kleine merkte dabei fast gar nicht, dass er am Turnen war, er lachte dabei und freute sich. Auch Atemtherapie war in Planung, damit unser Kleiner endlich auch selbstständiger atmen und später auch das Sprechen lernen konnte. Der Logopäde kam zweimal die Woche vorbei und blieb immer eine dreiviertel Stunde. Ich durfte nie dabei sein, in den ersten Wochen meinte der Herr: „Um Leon optimal behandeln zu können, möchte ich die ersten Therapie-Stunden ohne Eltern und Pflegerinnen machen." Ein wenig merkwürdig kam uns das schon vor, doch wir akzeptierten sein Anliegen und verließen das Kinderzimmer, sobald er kam.

Der Alltag holte uns irgendwann ein und wir gewöhnten uns alle einander, nachdem auch ein paar Schwestern uns verlassen hatten aus verschiedenen Gründen, wurde es harmonischer und ruhiger bei uns zu Hause. Leons letzter Bruch war auch schon ein paar Monate her und der Sommer war nicht mehr weit.

Leon wusste nun auch seit ein paar Wochen, dass er ein Geschwisterchen bekommt, einem kleinen Bruder. Die Angst vor noch einem kranken Kind hatte ich nicht, der Grund war einfach zu erklären, Leon hatte einen anderen biologischen Vater und meine Gene wurden in Bielefeld untersucht, es war alles okay. Zur Sicherheit ging ich trotzdem wieder zu Frau Dr. R., um einen Doppler-Ultraschall zu machen. Ich ging hin, aber mit mehr Sicherheit, denn Dr. E. hatte mir schon zuvor gesagt, dass es ein gesunder kleiner Junge wird.

Frau R. begrüßte mich sehr freundlich und wollte natürlich auch wissen, wie es mit Leon weitergegangen war, ich erzählte ihr alles in Kürze.

„Das finde ich wirklich toll, Frau Körner, es sah nun doch sehr schlimm mit den Wurm aus, es ist toll, dass er sich doch so super entwickelt", sagte sie sanft und freudestrahlend. „So ... und nun sind Sie wieder schwanger?" Ihr Ton war freundlich, und es war ernst gemeint.

„Ja, es soll wieder ein Junge werden, obwohl Dr. E. schon gesagt hat, dass das Baby gesund ist, haben wir trotzdem entschieden, vorsichtshalber noch mal hierher zu fahren", erklärte ich ihr.

„Ja, na klar", sie machte eine kleine Pause. „Wir können auch gleich anfangen, legen Sie sich hin und dann schauen wir uns den kleinen Mann mal gründlich an."

Es dauerte dieses Mal nicht so lange wie damals bei Leon, nur eine Viertelstunde, und die Prognose stand: „Alles prima, ein gesunder kleiner Bengel." Sie grinste über beide Ohren, sie freute sich wirklich sehr für uns, und ich freute mich, endlich ein gesundes Kind zu bekommen.

Drei Monate später war es dann soweit. Da ich im Frühjahr Leons Betreuung für die Mittagsstunden bis zum Abend hin alleine ohne Krankenschwestern machte, musste ich in meinen Wehen liegend eine Schwester anrufen, damit Leon nicht allein war, meine erste Entscheidung fiel auf die Nachtschwester, die in der Nacht so oder so Dienst hatte.

„Hallo, ich bin es, Steffi, ich müsste in die Klinik, ich habe Wehen, könntest du kommen, um auf Leon aufzupassen?"

„Oh Mist, du hast Wehen?", fragte die Schwester.

„Tut es doll weh, hast du starke Schmerzen?" Viel zu ruhig fragte sie mich das.

„Ja, kannst du bitte jetzt kommen?"

„Ja natürlich, ich müsste allerdings meine Kinder mitbringen, wäre das okay?"

„Ja sicher, Martin ist auch hier, wir fahren schon mal los." Mein zweiter Sohn wurde ganz unkompliziert nach drei Minuten Kreißsaal-Aufenthalt geboren, er war kerngesund. Als ich geduscht mit Baby auf dem Arm im Wochenbett lag, konnte ich es nicht fassen, den Kleinen bei mir zu haben: „Hier ... wollen Sie den Kleinen nicht untersuchen?", fragte ich leicht verstört meine Hebamme.

„Aber er ist doch untersucht worden, Frau Körner." Eine kleine, aber bewusste Pause: „Frau Körner, haben Sie beim Pressen auch ein paar Gehirnzellen verloren?", fragte die Hebamme schnippisch mit einen Lächeln im Gesicht!

„Nein, meinen ersten Sohn durfte ich nicht mit auf die Wochenstation nehmen, es ist ungewohnt!" Sie schaute mich fragend an, dann erzählte ich ihr in Kurzversion, was mit Leon war.

Drei Tage später bin ich happy nach Hause gefahren. Kaum in der Tür, lief ich Leon auch schon entgegen, der gerade dabei war, sein Spielnest im Wohnzimmer zu erkunden. Schmusend und glücklich umarmte ich Leon und er grinste mich an, wedelte mit seinen Armen, als ob er fliegen zu lernen versuchte, das war seine Geste der Freude. Fabian und Leon verstanden sich gleich auf Anhieb. Auch Leon verstand, zumindest denke ich das, dass dieses kleine Würmchen nun zu uns gehörte.

Auch mit Fabian klappte der Alltag gut. Leon ging nach wie vor alle drei Monate zur Aredia-Therapie für drei Tage. Brüche gab es immer mal zwischendurch, aber nichts Ernstes, mehr kleine Haarrisse, die man auch Grünholzbrüche nennt. Diese heilen im Grunde ohne weitere Behandlungen vom Arzt in ein paar Wochen ab. Grünholzbrüche begleiteten uns immer mal wieder und es waren die häufigsten aufgetretenen Brüche. Am Anfang waren wir alle etwas nervös, wenn Leon ein Arm oder ein Bein nicht mehr bewegte, sondern es hinter sich her schleifen ließ. Wir riefen dann sofort die Kinderärztin an, doch es ergab sich nach der Zeit von selber, denn je länger wir Leon betreuten, desto besser wussten wir, was zu tun war bei einem Haarriss.

Durch Fabian lernte Leon auch so einige Dinge. Zum Beispiel, wie toll man an den Kabeln und auch der Trachealkanüle ziehen konnte. Das selbstständige Atmen wurde auch immer besser, er konnte schon einen ganzen Tag ohne das Beatmungsgerät auskommen, daher war es nicht allzu schlimm mehr mit dem Kanülenwechsel. Allerdings machte sich Leon auch gerne einen Scherz daraus: Wenn ich ihn beispielsweise aus der Klinik holte und nicht gleich zu ihm ins Zimmer ging, riss er sich die Kanüle selber heraus und warf sie auf den Boden.

Leon lachte sich schief bei der Strapaze, ihm wieder die Kanüle hineinzusetzen. Sitzen und auf dem Po robben konnte Leon nun auch schon gut. Die Logopädin arbeitete erst im Sinne einer Ergotherapeutin, um Leons Vertrauen zu gewinnen. Es machte Leon riesigen Spaß, die kleinen, getrockneten Erbsen aus der Schüssel überall im Wohnzimmer zu verteilen, später kam dann Joghurt essen auf den Therapieplan. Essen war nicht Leons Leidenschaft, ganz im Gegenteil, er hasste es. Auch mit dem damaligen Therapeuten freundete er sich nicht an, als er Leon einen Stiel mit gefrorenem Eis geben wollte. Doch mit Eva klappte es wunderbar, er aß tatsächlich einen kleine Löffelspitze vom Joghurt, wir klatschten und ich nahm Leon in den Arm: „Das hast du klasse gemacht!", freute ich mich.

Wir hatten uns über Leons geistige und körperliche Entwicklung keine großen Sorgen gemacht, bis es zu dem Abend kam, wo wir mit Leons Entwicklung wieder ganz von vorne anfangen mussten. An dem besagten Abend machte ich Leon wie gewohnt nach dem Sandmännchen bettfertig, wir alberten auch gerne noch herum. Ich schaltete das Licht aus, nachdem ich seine

Nacht-Musik anstellte. Ich setzte mich in die Küche, schrieb noch das Protokoll für die Übergabe an die Nachtschwester, damit sie einen Überblick für den Tag hatte und wie der Allgemeinzustand von Leon war.

Der Oxyshuttle fing an zu piepen, eigentlich war es immer ein Kontaktfehler des Sensors am Fuß, deshalb hatte ich das Licht nicht gleich eingeschaltet, sondern tastete mich zu Leon vor. Der Sensor klebte an der richtigen Stelle und die Sättigung war auch okay, daher schlich ich mich leise aus dem Zimmer. Als ich die Tür schließen wollte, hörte ich das Piepen erneut und nun fing auch das Beatmungsgerät an. Also ging ich wieder ins Zimmer herein, diesmal hatte ich das Licht eingeschaltet. Leon sah sehr blass aus, schwitzend fing er an zu husten. Etwas nervöser tastete ich die Beatmungsschläuche ab wegen eines eventuellen Lecks, aber nichts!

Dann schweifte mein Blick auf die Kanüle, und es sah aus, als sei die Kanüle noch an der richtigen Stelle, das Sekret absaugen half auch nicht. Ich wurde panisch und rief meinen Mann herbei. Der Notarzt kam fünf Minuten später, ich wartete unten auf dem Parkplatz, mein Mann blieb oben bei Leon.

Als die Notärzte ins Kinderzimmer gingen, lief plötzlich einer wieder aus dem Zimmer heraus und legte seine Hand auf den Mund, guckte mich erschrocken und ungläubig an. Ich verstand nicht, warum er das tat, daher ging ich hinein und sah, wie mein Mann Leon zu reanimieren versuchte, Leon atmete nicht mehr!

„Sollen wir denn alles für Ihren Sohn tun?", fragte mich der ältere Notarzt, während der jüngere Leon zu stabilisieren versuchte. Ich dachte, mich tritt ein Pferd, als er mich das fragte, ungläubig und auch wütend darüber, dass er solch eine Frage stellte, antwortete ich ärgerlich: „Ja ... bitte ... auf jeden Fall!"

Nach ein paar Minuten kam endlich mal einer darauf, sich Leons Kanüle anzuschauen, denn sie lag nicht im Stoma drin. Der jüngere Notarzt schaute mich an, lächelte leicht: „Frau Körner, wir haben den Fehler gefunden ... es war die Kanüle!"

„Ach du Scheiße ... das habe ich in der ganzen Aufregung total vergessen!" Leicht verlegen und wütend über mich selber ging ich zu meinem Mann ins Wohnzimmer, der sich völlig fertig mit beiden Händen an die Fensterbank lehnte und Tränen in den Augen hatte. „Ich werde mit Leon im Krankenwagen mitfahren, er ist wieder stabil, es war die Kanüle." Wir nahmen uns in die Arme.

„Frau Körner? ... Es wäre vielleicht besser, wenn Sie Ihren Sohn auf den Arm nehmen, um ihn auf die Liege im Krankenwagen zu legen!"

„Ja, das werde ich machen." Mit Leon auf dem Arm lief ich gerade in Richtung Haustür, als die Nachtschwester vor mir stand und mich mit riesigen Augen anschaute: „Was ist passiert, Steffi?"

„Ich erkläre es dir in der Klinik!"

„Okay."

Durch diesen kleinen Sauerstoffmangel war Leon wieder ein Baby, alles Gelernte hatte Leon verlernt. Und so mussten wir alles daran setzen, Leon wieder in die richtige Richtung zu bringen, damit er wieder sitzen oder auch reden konnte, denn nun brabbelte er wieder vor sich hin. Aber die Ärzte hatten uns beruhigt, dass es keine chronischen Hirnschäden geben würde. Also fingen wir wieder von vorne an. Das erste Kind ist mein drittes Kind, denn Leon war zwar nach und nach wieder unser Leon, doch er konnte plötzlich Sachen, die er vorher nicht konnte, zum Beispiel verständlicher reden!

Im Oktober 2006 zogen wir um. Die Wohnung war größer und hatte einen Garten. Fabian und Leon bekamen jeder sein eigenes Zimmer. Nun war es auch an der Zeit, Leon in einem Kindergarten anzumelden. Mit den Krankenschwestern beriet ich mich, welcher Kindergarten für Leon geeignet wäre. Die Wahl fiel auf Sennelager.

Nach einen Telefonat fuhr ich mit Leon und einer Schwester mit dem Bus zum Kindergarten. Die Kita sah schon vielversprechend aus, als ich nur den Eingangsbereich sah. Es waren Fahrstühle vorhanden und riesige Räume, in die auch ein Rollstuhl ohne große Hindernisse hineinfahren konnte.

Im zweiten Stock wartete die zukünftige Erzieherin auf uns: „Hallo Frau Körner ... aach ... du bist der kleine Leon?" Sie schaute Leon an, und er machte seine Freudengeste wieder.

„Na, dann komm mal mit, da hinten ist deine Gruppe."

Wir schauten uns jede Ecke und Winkel genau an und waren beide begeistert, ich fühlte, dass Leon dort sehr gut aufgehoben sein würde, denn es gab dort auch wieder einen Snoozle-Raum:

„Ach wie schön, schau mal, Leon, unser Snoozle-Raum, wie in Kassel!", strahlte ich.

„Ja, da können alle unsere Kinder schlafen oder eben Musik hören."

Uns war klar, dass Leon nicht in einen Regelkindergarten gehen kann wegen dem enormen Knochenbrüche-Risiko. Aber in einen für nur behinderte Kinder fand ich passte Leon auch nicht hinein, da seine geistigen Fähigkeiten, etwas zu erlernen, einfach viel zu groß waren, deshalb erfüllte dieser Kindergarten ganz und gar unsere Vorstellungen.

Behinderte und gesunde Kinder spielten zusammen in einer Gruppe, es fühlte sich richtig an. Je älter Leon wurde, desto weniger waren die Glasknochen ein Thema bei uns zu Hause, auch seine Beatmungsmaschine machte mehr Pause, als dass sie im Einsatz war. Wir überlegten auch schon, die Beatmungsmaschine wieder abzugeben, aber es war eine gute Entscheidung gewesen, dies noch zu verschieben.

Mit den Krankenschwestern war ich mittlerweile per Du, und ich konnte ihn meine Sorgen erzählen, meine Ängste äußern und ein paar gute Tipps erhalten. Ich genoss die Zeit besonders mit Karin, die heimlich meine Lieblingsschwester war, es gab auch andere, ach, eigentlich mochte ich alle gerne. Frau E. und ich verstanden uns auch prima, auch heute noch haben wir Kontakt. Leon konnte auch schon gut unterscheiden, wer nett war oder eben nicht. Ich denke, Leons Bezugspersonen in all den Jahren waren viele Menschen gewesen, aber ich denke, er wusste trotzdem immer, wer seine Mama war.

Die Sommerferien 2007 waren schon zwei Wochen in vollem Gange und das Wetter war mal ausnahmsweise sehr schön, sodass wir kleine Familie uns in den Garten setzten konnten. Fabian und Leon spielten im Sandkasten und schmissen sich gegenseitig Sand an den Kopf. Als beide dann anfingen zu heulen, setzte ich Leon nicht in seinen Reha Wagen, denn der war kaputt und wir hatten sechs Wochen zuvor einen schönen Kinderrollstuhl von der Krankenkasse genehmigt bekommen. Dieser würde mit Leongs Lieblings-Cartoon-Figur, Spongebob, als Schutz an den Radspeichen verziert sein und der Sitz sollte in Gelb bezogen werden, ich freute mich schon riesig auf den Rollstuhl, denn damit würde Leon sich auch selber fortbewegen können. Aus diesem Grund stand der Reha Wagen zum Abholen in der Garage bereit.

Angeschnallt hatte ich Leon mit dem Beckengurt, ich dachte, das sollte reichen, da die Bremse von meinem Mann festgestellt worden war. Andreas wollte sich gerade setzen und sagte noch zu mir: „Kann ich heute mal alle Fünfe grade sein lassen?" Andreas war gerade von einer Zwölf-Stunden-Schicht auf der Arbeit gekommen. „Ja, es ist ja …!" Diesen Satz konnte ich nicht mehr zu Ende führen, denn Leon lag plötzlich mit dem Buggy auf dem Boden unterhalb der Treppe, die von der Terrasse in den Garten führte. Mit entsetzlicher Panik riss ich mich vom Stuhl hoch und rannte zu Leon, er lag auf dem Bauch, er blutete nicht, weinte nur herzzerreißend.

Vorsichtig nahm ich ihn auf den Arm, versuchte ihn zu beruhigen, doch diesmal klappte nichts mehr. Mein

Mann stand schon oben auf der ersten Treppenstufe: „Hier Schatz, nimm bitte den Kleinen … lege ihn am besten ins Bett auf den Rücken, nicht dass irgendetwas gebrochen ist an seiner Wirbelsäule." Andreas ging hinein ohne ein Wort zu sagen, zitternd folgte ich ihn, nachdem ich Fabian aus dem Garten geholt hatte.

Ruhig, ganz ruhig … Leon sah für mich normal aus, verhielt sich normal, bewegte sich zwar nicht ganz so wie immer, aber auch nicht auffallend schlechter. Keine Augendreherei oder Übelkeit. „Ich hole das Telefon, ich rufe die Kinderärztin an, sicher ist sicher.", stotterte ich meinen Mann zu.

Die Kinderärztin war Tag und Nacht auch auf der Privatnummer immer zu erreichen, auf sie war Verlass: „Hallo?"

„Ja hallo … hier spricht Stephanie Körner … die Mama von Leon …!" Das war einer der vielen Sätze, die ich schon im Schlaf aufsagte. „Es könnte sonst was passiert sein."

„Ach hallo … ist etwas Bestimmtes passiert, Frau Körner?"

„Na ja … nun … Leon ist uns die Gartentreppe runtergefallen und nun bin ich mir nicht sicher, ob er einen Bruch erlitten hat … also … äußerlich sehe ich nichts."

Doch Andreas zeigte mir, als ich während des Telefonates ins Kinderzimmer zurückeilte, dass Leons Kopf auf der linken Seite verformt war. Und dies schilderte ich mit plötzlicher Angst der Kinderärztin.

„Bitte sofort ins Krankenhaus, am besten nach Bielefeld in die Fachklinik, wo Leon auch geboren wurde." Plötzlich überfiel es mich und ich hatte Tränen in den Augen. Weinen konnte ich nicht, denn Fabian stand neben mir und schaute mich an: „Mama, Leo da?", sagte er zu mir mit seiner piepsigen Stimme, und da musste ich lachen. In dem absoluten Gefühlschaos rief mein Mann den Krankenwagen, der innerhalb von fünf Minuten bei uns eintraf.

„So, was haben wir denn hier?"

„Leon ist ein fünfjähriger Junge mit Osteogenesis imperfecta, einer sehr schweren Form der Glasknochenkrankheit."

Ich versuchte auch in dieser Situation die Fassung nicht zu verlieren, denn das verlangte man doch immer von mir, Professionalität! Ich erklärte weiter: „Er ist vor ..." Mein Mann übernahm das Wort, er merkte, dass es mir schwerfiel: „Vor gut einer halben Stunde ist er samt Buggy die Treppen runtergefallen ... wir können es nicht erklären, warum das passiert ist, die Bremsen waren festgestellt. Seine Kinderärztin meinte, es wäre am besten, Leon ins Bielefelder Krankenhaus zu bringen."

Mit großen Augen, immer noch unter Schock stehend, schaute Andreas den Notarzt an, während ich Leon mit Streicheln und Küsschen zu beruhigen versuchte, was gut klappte. Der Notarzt schaute sich auch die Unfallstelle an, der Buggy lag noch in seiner Unfallposition.

„Waren die Bremsen festgestellt?", fragte der Notarzt Andreas.

„Ja! Ich kann mir nicht erklären, warum die Bremsen versagt haben." Der Arzt gab an, dass es häufiger zu solchen Unfällen kam, denn meistens waren die Bremsen der Buggys mangelhaft. Leon lag immer noch in seinem Pflegebett und er grinste mich nun auch schon wieder an. Andreas und der Notarzt kamen wieder ins Zimmer rein und mein Mann bemerkte: „Leons Kopf ist auf der rechten Seite sehr verschoben, sehen Sie das?" Der Notarzt antwortete nicht gleich, schaute mich fragend an, nach einer kurzen Pause sagte ich: „Also ich finde, Leons Kopf sieht aus wie immer." Um mich selber zu beruhigen.

Leon sollte nach langem Hin- und Hertelefonieren nun doch nach Bielefeld in die Kinderklinik. Ein Déjà-vu … ich fühlte mich absolut zurückversetzt in die vergangenen Jahre. Ich fuhr mit dem Krankenwagen mit, Fabian blieb bei meiner Nachbarin. Mein Mann fuhr später hinterher. In der Kinderklinik erwartete man uns schon, brachte uns auch gleich in einen großen Röntgenraum, in der Mitte stand ziemlich einsam ein Behandlungstisch, worauf die Ärzte Leon legten.

Nun hieß es nach dem Röntgen warten ... warten, was passiert … und warten, wie es weitergeht. Leon spielte zwischenzeitlich ganz normal mit seinem Kuscheltier, welches er von dem Notarzt im Krankenwagen bekommen hatte. Plötzlich tauchte in einer kleinen, abgetrennten Nische des großen Raums ein Arzt auf und sagte merkwürdigerweise, ja es klang schon fast fröhlich: „Jo ... ist ein Schädelbruch!", und weg war er wieder.

Ich schaute ganz verdutzt Leon an, der mich wie immer anlächelte, ich lächelte zurück, strich ihm über seine Haare. Nach ein paar Minuten kamen dann der Assistenzarzt, eine Radiologin und der Chefarzt auf mich und Leon zu: „So, Frau Körner, wir haben uns die Röntgenbilder angeschaut und sind der Meinung, dass es sich um einen nicht operativen Bruch handelt. Da

Leon einen guten Allgemeinzustand aufweist, gehen wir davon aus, dass er nach einer Woche Klinikaufenthalt wieder gesund nach Hause entlassen werden kann."

„Das ist eine gute Nachricht, vielen Dank!" Sorgen machte ich mir keine, mein ganzes Vertrauen beruhte auf den Schwestern der Kinderstation und den Ärzten. Martin und mein Mann kamen erst, als Leon schon auf der Station lag. Viel erklären brauchte ich nicht, es war ja alles gut. Leon merkte man die Strapazen allerdings an, und er drehte sich um zum Schlafen. Wir fuhren nach Hause und waren mit den Gedanken nur bei Leon in der Klinik.

Doch zu Hause wartete Fabian auch schon ungeduldig. Ich telefonierte mit dem Pflegedienst, der im Normalfall um 22 Uhr kam. Vorsichtig versuchte ich zu erklären was passiert war, auch dass es Leon soweit gut ginge, sie bräuchten sich keine Sorgen machen.

machen, in einer Woche wäre Leon wieder zu Hause. Der Pflegedienst wollte Leon auf jeden Fall in der Klinik besuchen.

Es war eine kurze Nacht für uns. Leons Allgemeinzustand änderte sich rapide. Um null Uhr fingen Leons Geräte an zu piepen. Da Leons Sättigung sehr niedrig war, legte die Nachtschwester die Beatmung an, dadurch wurde es erst mal besser. Nach ein paar Minuten rief die Schwester den Arzt, der auch sofort kam. Ein Röntgenbild wurde gemacht und man konnte eine kleine, vielleicht erbsengroße Einblutung sicherstellen. Es wurde eine OP eingeleitet, um die Blutung zu stoppen, eigentlich eine Routine, doch es sollte anders kommen. Während der Chirurg Leons Kopf aufschnitt, kam plötzlich ein Schwall von Blut, sie mussten sich beeilen, versuchten alles, doch Leons Sättigung fiel dramatisch, bis er aufhörte zu atmen. Es folgte Reanimation, eine Dreiviertelstunde lang kämpften sie um mein Kind, dann hatten sie es geschafft!

Traurig bekam ich eine Mitteilung auf meine Mailbox von dem Arzt, der Leon damals auch auf die Welt geholfen hatte: „Ja, hallo Frau Körner ..." Pause. „... Hmm … wir mussten Leon nun doch operieren, es ist … rufen Sie mich bitte unter der angegeben Nummer an!"

Schockiert weckte ich morgens um sechs Uhr meinen Mann, schon fast hysterisch zog ich mich an und wollte sofort zu Leon fahren. Doch mein Mann hielt mich zurück: „Schatz, es ist gerade sechs Uhr und wir sollten erst mal jemanden finden, der auf Fabian aufpasst und uns nach Bielefeld hinfährt, ruf doch erst mal in Ruhe in der Klinik an!"

Eine Schwester war am Telefon, mit Herzklopfen und Nervosität fragte ich, was passiert war, dass ich einen Anruf heute Morgen bekommen hatte, Leon sei operiert worden und wie es nun ginge? Doch die Schwester wollte mir am Telefon nicht viel sagen: „Am besten kommen Sie und Ihr Mann gleich in die Klinik, Leon ist soweit stabil."

Mit einer inneren Unruhe fuhren wir zu Leon, Fabian war mit im Gepäck, daher teilten wir uns die Zeit mit Leon. Mein Mann wartete draußen auf dem Klinikflur, schnell lief ich in Leons Zimmer hinein, wo er mit einem dicken Kopfverband, die Augen mit Stripes geschlossen, auf seinem Bett lag, friedlich und süß. Doch meine Mutterinstinkte riefen den Notstand aus. Ein Arzt kam herein, erklärte mir noch einmal in Ruhe, was und wie das alles passiert war: „Frau Körner, es tut mir sehr leid, dass es nun doch noch zu einer Blutung kam, damit hatten wir einfach nicht gerechnet."

Verständnisvoll nickte ich ihm zu: „Ja, auch noch im Krankenwagen kam mir Leon ganz normal vor, er lachte und setzte sich auch hin, spielte mit seinem Kuscheltier ..." Ich hatte plötzlich Tränen in den Augen, mir wurde auf eine merkwürdige Art klar, das nun ein neuer Abschnitt für unserer Familie und besonders für Leon kam. Die Ärzte machten mir auch klar, dass auch ich dies nicht verhindern konnte, und machten mir Mut, weiterzukämpfen für Leon.

Es kamen auch die Pflegerinnen von Leon zu Besuch ins Krankenhaus, ich wachte fast jeden Tag an Leons Krankenbett mit dem Fünkchen Hoffnung, dass er wach wird, denn die Medikamente, die Leon in das künstliche Koma versetzt hatten, waren am dritten Tag schon abgestellt worden.

Doch die Hoffnung versiegte, als die Ärzte mich zum Gespräch baten. „Wie Sie nun wissen, haben wir die Medikamente heruntergesetzt, damit Ihr Kleiner wieder wach werden kann, doch wir müssen Ihnen mitteilen, dass Leons Gehirn zu lange ohne Sauerstoff auskommen musste." Eine atemlose Pause entstand. „Wir wissen es nicht genau, aber es kann sein, dass er nicht mehr wach wird."

„Ich hatte es schon geahnt!", sagte ich flüsternd, aber hörbar zum Arzt.

Leon kam nach einer Woche Krankenhausaufenthalt wieder in eine Reha, dieses Mal für drei Wochen. Die nächste Kinderpädiatrie ist in Kassel. Bevor wieder etwas passiert, blieb ich die ganzen drei Wochen mit Leon dort, mein Mann nahm sich Urlaub, um auf Fabian aufpassen zu können.

Schwester Susi, die Leon damals schon betreut hatte, kam in das Zimmer herein, gab mir Leon in die Arme: „Sie dürfen weinen, Frau Körner, das ist nichts Schlimmes!" Ich wollte nicht ihr gegenüber weinen, keine Schwäche zeigen, die Angst kam wieder. Leon lag friedlich in seinem Bettchen, keine Anzeichen von einer Reaktion, auch das EKG – es wurde in den drei Wochen immer mal wieder gemacht – zeigte keine Ausstöße der Linie, sie blieb gerade.

Ich las Leon vor, kümmerte mich den ganzen Tag ununterbrochen um sein Wohlbefinden, doch Leon blieb stumm. Auch bei seiner so heiß geliebten Musiktherapie, nichts! Es war unglaublich merkwürdig, Leon, ein so quietschlebendiges Kind, plötzlich neben sich im Bett zu haben, ohne dass er etwas sagte, ohne dass er Geräusche von sich gab, er lag einfach nur da.

Das Einzige, woran ich merkte, dass er noch lebte, waren die Atemgeräusche entweder des Beatmungsgerätes oder seine eigenen. Wachkoma hieß die Diagnose, da Leon noch selbstständig atmen konnte, das war aber auch schon alles.

Morgens zum Frühstück ging ich in die Cafeteria, dort traf ich den Arzt von Leon: „Na, guten Morgen, Frau Körner, möchten Sie nicht mal nach Hause fahren? Sie sind schon zwei Wochen hier."

Meine Antwort hieß nur: „Eine Woche noch, dann gehe ich, Dr. S.!" Ich grinste ihn schelmisch an. Wohl auch die Schwestern der Station meinten, ich bräuchte mal eine Auszeit und schickte mich einen Tag in ein großes Einkaufszentrum, es war gut zu Fuß zu erreichen. Von den vielen Eindrücken, die ich dort bekam, hatte ich die Zeit total vergessen, kaufte etwas für Fabian, denn er und mein Mann wollten mich am nächsten Tag besuchen. Es war Nachmittag, als ich wieder in der Klinik war. Es hatte mir gut getan, trotzdem wollte ich Leon wieder aus dem neuen Buch vorlesen, das ich ihm gekauft hatte. Es war die Hoffnung, die ich hatte, die Hoffnung, ihn in seinem Schlaf zu erreichen und wiederzuholen.

So wie geplant fuhren Leon und ich eine Woche später nach Hause. Ein Buch musste her, also ging ich, als ich wieder zu Hause war, in eine Bibliothek und fragte dort nach einem Buch, das mir Aufschlussreiches über Wachkoma geben kann, doch die Frau konnte mir nicht helfen.

Rein zufällig bekam ich eines von meiner Mutter geschenkt, das las ich an einem Tag direkt durch, sog es in mich auf wie einen Schwamm. Es beschrieb Wachkoma als eine Art Leiter des Schlafes, die erste Stufe war ein leichter Schlaf, die zweite und dritte Stufe waren schon etwas kritischer, doch es war auch möglich, dieses zu überwinden. Es hieß auch, dass versucht werden sollte, für Wachkomakinder ihre Lieblingsspieluhr oder Musik erklingen zu lassen, dies könnte das Kind aus dem Schlaf holen – natürlich war die Gewähr, dass es klappt, ausgeschlossen.

Trotzdem gab es mir ein wenig Mut weiterzumachen. Leon bekam seine Musik mit Kopfhörern leise ins Ohr geflüstert, er bekam rhythmische Musiktherapie, mit Vibrationen sollte er ins Leben zurück, doch auch da gab es weder Mimik noch Gestik unseres Kindes. Die Krankenschwestern gaben sich auch sehr viel Mühe, wenn ich gerade mal nicht konnte, Leon so gut es ging zu unterstützen, indem sie Leon auf den Arm nahmen und ihm vorlasen, Musik machten oder Leons Lieblingsgeschichte mit dem gelben Schwamm anstellten.

Die nächste Hirnstrommessungsuntersuchung stand an in Paderborn. Doch auch dieses Mal keine Anzeichen für eine elektrische Linie auf dem Gerät. Die Tomografie schockte mich allerdings etwas mehr. Ein Radiologe kam nach der Tomographie auf uns zu und merkte an, dass sie die Bilder auswerten müssten, es würde etwas dauern. Wir gingen einen Kaffee trinken oben in der Cafeteria und sollten in einer halben Stunde wieder unten in der Radiologie sein.

Als wir dort ankamen, lag Leon schon in seinem Buggy, eine Schwester hatte sich um Leon gekümmert: „Leon geht es soweit gut, ich hatte ihn in seinen Buggy schon mal reingesetzt, ich hoffe es war okay für Sie, Frau Körner?" Karin, die Schwester, die mich zu Hause bei Leon unterstützte, schaute mich groß an und wartete auf meine Reaktion, doch ich nickte nur und grinste: „Nee, ist okay, vielen Dank!"

Der Radiologe kam uns bei diesem Satz schon entgegen und meinte, wir sollten uns setzen. „Ähm ... hmm", fing er an: „Ja, also, Frau Körner, wir haben die Bilder nun ausgewertet." Wieder eine Pause. In meinen Herzen wusste ich schon, was dieser Arzt uns sagen wollte, doch ich konnte nicht ahnen, welche Auswirkungen Leons Wachkoma auf sein Gehirn gehabt hatte: „Es ist so, dass Leons Gehirn durch den Sturz und die darauf folgende OP ziemlich in Mitleidenschaft gezogen worden war und daher sich nun Wasser bildet, aber sein Spinalkanal, der anfangs immer wieder im Gespräch war, ist noch gut zugänglich, sodass das Wasser ablaufen kann und sich kein Hirndruck sichtbar machen lässt!"

Der Arzt sagte es ruhig und gewissenhaft, um nicht etwas Falsches zu sagen, doch ich und auch mein Mann wollten die Wahrheit hören: „Sagen Sie uns doch einfach, was dies für unseren Sohn bedeutet!", sagte mein Mann bestimmend, aber ruhig.

„Mit einer Garantie können wir natürlich nichts sagen, doch wie es momentan aussieht ... wird Leon früher oder später sterben." Mein Mutterinstinkt hatte mich leider diesmal nicht im Stich gelassen. Wir nahmen Leon wieder mit nach Hause.

Um ihm die letzten Jahre, Monate so angenehm wie möglich zu gestalten, schmückten wir das Zimmer mit Lichterketten und Tüchern und seinen Lieblingskuscheltieren. In den nächsten Monaten verdrängten besonders die Krankenschwestern, dass dies nun eine Palliativpflege war, dies machte es ein wenig einfacher, mit der Situation zurechtzukommen.

Mein Mann und ich entschieden zusammen, mit einem Bestattungsunternehmen unsere Wünsche für die Beerdigung zu besprechen. Der Bestatter war sehr nett und verstand auch unsere Sorgen und Ängste, aber er lobte uns auch, dass wir diese „Sachen" schon vorher klären wollten, welchen Sarg und welche Blumen und so weiter. Es war eigentlich schon sehr merkwürdig, über Leons Tod zu sprechen, während er in seinem Zimmer friedlich schlummerte, doch es war wichtig, damit wir den Stress nicht hatten, wenn er dann tatsächlich starb.

Eines Tages ging es Leon nicht gut, er fieberte ziemlich hoch und wir wussten irgendwann nicht mehr weiter und riefen die Kinderärztin an, die uns ans Herz legte, Leon in ein Krankenhaus zu bringen, um abzuklären, was mit ihm nicht stimmte. Leon lag eine Woche in der Paderborner Klinik und es wusste keiner so richtig, was ihm fehlte. Immer wieder wurden wir auf der Station, auch von den Pflegerinnen, skeptisch angeschaut, als ob wir Leons Allgemeinzustand nicht mehr selber bewältigen konnten, denn kaum war Leon in der Klinik, ging es ihm wieder gut.

Sechs Monate nach dem Unfall sah es so aus, als ob es nun soweit war. Leon ging es immer schlechter, er musste wieder nonstop an die Beatmungsmaschine angeschlossen werden, es folgten immer wieder Infektionen und Fieber. Ich fühlte, dass Leon hier bei uns zu Hause nicht mehr gut betreut werden konnte, er brauchte Ärzte an seiner Seite, die seinen Zustand besser behandeln konnten, und das ging nur in einer Einrichtung, in einer Palliativeinrichtung. Eine solche gab es in Oeynhausen. Die Betreuer waren sehr nett und klärten uns darüber auf, was es für Möglichkeiten gab, einem sterbenden Kind das Sterben zu erleichtern. Ich fühlte, es war gut, Leon hier unterzubringen, hier war er in guten Händen.

Es gab eine Schule, einen Kindergarten und auch Ausbildungsplätze in der Einrichtung. Sie war nach Häusern aufgeteilt, Leon lag in dem so genannten Kindergarten, dort hatten sie auch einen kleinen hübschen Raum mit Kerzen und warmen Farben an den Wänden. Das Engelszimmer wurde es liebevoll genannt.

Nach drei Wochen wurden wir von Oeynhausen aus angerufen, sie baten uns sofort zu kommen. Leon lag im Sterben.

Etwas Angst, aber auch meine angeborene äußerliche Gefangenheit brachte mich in diesen Stunden durch. Ich streichelte Leon, der fast hyperventilierte, trotz Beatmung. Flüsternd sagte ich Leon, dass ich ihn lieb hatte und dass ich ihn vermissen werde, wenn er bei den Engelchen ist. Ich hielt seine Hand und wollte das Zimmer nicht verlassen, doch die Pflegerinnen und der Arzt wollten noch ein Gespräch führen, um noch mal die Details zu überlegen.

Viel zu sagen hatte ich nicht, denn immerhin hatten wir für Leon eine Patientenverfügung alle drei Monate neu unterschrieben.

„Frau Körner, unser Problem ist, Leon muss vom Gesetz her weiter beatmet werden, wir dürfen nicht die Beatmung einfach ausschalten und abwarten. Es kann sein, dass er sich in den nächsten Stunden wieder fängt, weil seine Lungen sich mit Sauerstoff füllen, was sollen wir also machen?“

Der Arzt schaute mich und meinen Mann an, allerdings konnte ich doch nicht Leon einfach sterben lassen, und das Gesetz verbot uns auch, solche Maßnahmen zu ergreifen, auch als Eltern. Also sagten wir: „Wenn Leon sich wieder berappelt, wäre es doch wunderbar, wenn nicht, dann ... werden wir es hinnehmen müssen, Leon wird uns den Weg zeigen.“

„Okay", antwortete der Arzt. Volle fünf Stunden waren wir in der Einrichtung und nichts passierte. Bis ich die Krankenschwester bat, die Beatmung noch bitte einmal versuchshalber wegzunehmen. Ich sah, wie Leons Puls immer wieder schwankte und auch seine Sättigung, dabei sah mich die Schwester an und meinte, dafür müssten wir aber den Arzt dabeihaben.

Dr. B. kam und verstärkte meine Auffassung es mal ohne Beatmungsgerät zu versuchen, und es klappte hervorragend. Zu Hause angekommen sprach ich mit meinen Mann darüber, Leon nun vielleicht doch wieder nach Hause zu holen.

„Schatz, wir haben gerade das Zimmer von Leon neu tapeziert und rosa gestrichen wegen dem kleinen Zwerg, der noch in deinem Bauch wohnt!"

Fabian schaute mich an und fragte: „Leon komm ...?"

Mein Mann schaute ihn an und sagte: „Ja, Leon kommt nach Hause!"

Und tatsächlich, nach fünfmonatigem Aufenthalt in Oeynhausen kam unser Leon wieder nach Hause. Das Kinderzimmer war allerdings noch rosa gestrichen, wegen unserem Baby, das ein Mädchen werden sollte.

Die Schwestern hatten mir versichert, dass es Leon egal wäre, welche Farbe sein Zimmer hatte, wir nahmen es mit Humor. Unser Alltag nahm wieder seinen gewohnten Ablauf, Fabian ging in den Kindergarten und Leon kam in eine Blindenschule nach Paderborn. Lucy, meine erste Tochter, wurde gesund und munter geboren.

Bei Lucy und Leon achtete ich darauf, dass es viele Körperkontakte gab, damit Leon spürte, dass es noch ein Geschwisterchen gab. Leons Allgemeinzustand entwickelte sich ganz gut, in der Schule gab es viele Therapien, die Leon etwas anregen sollten. Taktile Reize wurden gesetzt mit einem Igelball, es gab Musiktherapie, Schlummerzeiten wurden als Unterrichtsstunde gesetzt.

Es war eine tolle Schule, wir meinten, dass es Leon gefiel. Wenn Leon in der Schule und Fabian im Kindergarten war, konnte ich mich in Ruhe um Lucy und den Haushalt kümmern oder auch mal Einkaufen gehen. Mein Mann hatte zu dem Zeitpunkt auch wieder feste Arbeit gefunden.

Im Sommer gingen wir viel in den Garten raus, Leon lag dann meistens auf der Terrasse in seinem großen Sitz sack und ließ sich die Sonne aufs Gesicht scheinen. Fabian und Lucy waren im Gegensatz zu Leon sehr aktiv, sie tobten und spielten und manchmal gab es auch Streitereien, worauf Leon mit einen Tremor reagierte, das heißt, einem Zittern am ganzen Körper oder er hob seinen Brustkorb so stark an, dass die Trachealkanüle, unter seinem Hals verschwand. Um ihn wieder aus dem Tremor zu holen, überstreckten wir Leons Kopf nach hinten.

Während der Zeit im Wachkoma hatte Leon keine neuen Brüche erlitten, zumindest konnten wir keine feststellen. Seine Aredia-Therapie hatten wir nicht mehr gemacht. Dafür musste Leon ein paar Monate später ein Medikament bekommen gegen das Krampfen, seine Hände und Beine sowie sein Brustkorb wurden immer häufiger verkrampft, so schlimm, dass wir ihn nicht mehr herausholen konnten. Die Krankengymnastik half Leon, sich zu entspannen. Wir merkten sofort, wenn die

Krankengymnastikerin dagewesen war, Leon lag ruhig und entspannt mit leichter Atmung in seinem Buggy.

Die Zeit verging im Flug. Fabian war mittlerweile schon vier Jahre alt, Lucy war gerade ein Jahr geworden und Leon ging es mal wieder schlecht. Er fieberte seit Tagen wieder hoch, es war kurz vor Weihnachten. Die Kinderärztin kam noch mal und gab Leon etwas gegen die Schmerzen und meinte, dass sie nicht mehr machen kann. Ins Krankenhaus so kurz vor Weihnachten wollten wir auch nicht.

Weihnachten war besinnlich und schön mit den drei Kindern. Schwanger war ich auch wieder, aber dieses Mal sehr ungeplant, es sollte ein Junge werden. Der Geburtstermin stand für den 23. Januar fest. Die Woche nach Sylvester wurde Leons Allgemeinzustand nicht besser, und nun mussten wir uns entscheiden, in welches Krankenhaus wir Leon bringen.

Dr. S., ein super Palliativarzt, der Leon die Woche als Palliativpatient für unsere Kinderärztin annahm, da sie noch im Urlaub war, legte uns nahe, Leon in seinem Zustand nach Bielefeld zu bringen, er würde uns auch einen Krankentransport schicken. Eine normale Fahrt von uns nach Bielefeld dauerte im Normalfall eine halbe Stunde, diese Fahrt sollte allerdings länger dauern.

Eine Frau und ein Mann kamen uns in der Haustür entgegen. Schwester Anne begleitete Leon und mich in dem Wagen. Fabian und Lucy blieben zu Hause bei Papa. Ich setzte mich vorne zum Fahrer hin und Anne setzte sich nach hinten zu Leon und die andere Schwester nahm auch hinten Platz. „Wissen Sie, wie wir nach Bielefeld fahren müssen?", fragte mich der Fahrer ganz ernsthaft. Bevor ich antworteten konnte, sagte er. „Ach ich habe ein Navi, dass müsste gehen!", bemerkte er mit einem Gute-Laune-Ton. Ich fing an, mir Sorgen zu machen, ob wir wirklich dort ankamen, auch meine Krankenschwester warf mir einen Blick zu, der leichte Verwirrung verriet.

Doch Leon ging es gut, also keine Panik. Wir fuhren mittlerweile schon eine halbe Stunde und immer noch keine Klinik in Sicht. Ich merkte zum Fahrer an, dass ich wüsste, wohin wir fahren müssten, allerdings meinte er es besser und sein Navi auch, bis wir in Lockhausen eintrafen, das war bestimmt zwölf Kilometer von unserem eigentlichen Ziel entfernt. Nach knapp eineinhalb Stunden trafen wir endlich in der Klinik ein. „Wir dachten, Sie kommen gar nicht mehr!", begrüßte uns ein Pfleger an der Tür. Anne und ich hielten den Mund und verdrehten beide die Augen.

Müde und erschöpft von der ganzen Fahrt saßen wir nun in der Aufnahme und warteten auf den behandelten Arzt, der aus dem Bett geholt werden musste – der arme Kerl, dachte ich. Leon kam wieder auf seine alte Station der Kinderklinik, er schlief direkt ein und Anne und ich fuhren mit dem Taxi nach Hause, das hielten wir für angebrachter als wieder mit den Krankentransporter, der uns dies freundlicherweise anbot.

Am nächsten Tag war das erste Gespräch mit Dr. H.: „Hallo Frau und Herr Körner ... ja, mit dem Leon sieht es ja leider nicht so gut aus, schade!"

Wir hörten andächtig und nickend zu: „Wir hatten heute Morgen noch einmal eine Tomographie gemacht, um noch mal feststellen zu können, wie weit Leons Hirn abnimmt ... leider mussten wir feststellen, dass es mehr Hirnwasser geworden ist ... das Einzige, was man dort sieht, ist das Stammhirn, das Stammhirn ist für die Organe und die Atmung zuständig, daher funktioniert dies bei Ihrem Sohn noch!"

Schockiert und traurig schaute ich Dr. H. an, mein Mann nahm meine Hand. „Wir brauchen eine Entscheidung von Ihnen beiden, welche Maßnahmen wir ergreifen wollen oder sollen. Sie bekommen ein Baby, Frau Körner?"

„Ja, in diesem Monat soll der Kleine zur Welt kommen"

Eine Pause entstand.

„Ja, wir können auch warten, bis das Baby auf der Welt ist, und dann die Maschine abstellen lassen?"

Hat der Doktor gerade abstellen gesagt? Ängstlich schaute ich mich in der Runde um, mein Mann ergriff das Wort: „Aber ich dachte, wir dürfen dies gesetzlich nicht, zumindest waren wir der Auffassung."

„Nein, da Leon schon hirntot ist ..." Dr. H. guckte mich mit ruhigen, sanften Augen an, die mir Trost geben sollten. Es half.

„Daher dürfen Sie entscheiden, ob es passieren soll ... ich meine, Leon hat keine Lebensperspektiven mehr ... es tut mir sehr leid für euch!" Dies meinte er wirklich so. Bis Donnerstag sollten wir uns entscheiden, ob ja oder nein.

Sterbehilfe? Meine Gedanken schwebten im Kopf, da war Verwirrung, aber auch ein klares Bild vor Augen, dass es Leon nicht gut geht. Ich rief die Krankenschwestern an, holte mir von ihnen noch mal eine Meinung.

Es war der 11. Januar. Morgens früh wurden wir geweckt durch das Klingeln des Telefons.

Leon lag still und friedlich in seinem Bett, er hatte schon Morphium bekommen. Drei Tage waren nun vergangen nach der Wegnahme des Beatmungsgerätes und nun sollte unseren auch Leon in den Himmel gehen? Oh mein Gott!

Anni und Tanja, zwei vom Pflegeteam, hatten uns in die Klinik begleitet, sie unterstützten uns sehr. Leon brodelte, als ob seine Lunge komplett zu saß, es war wie eine sehr starke Lungenentzündung. Ich saugte ihn ab und verzog das Gesicht, sah Anni und Tanja an, denn es war Blut.

Wie in einem Film lief dieser Tag für mich ab, richtig begreifen konnte ich es nicht, es war unreal, im Kopf war es noch zu weit weg.

Mein Mann und ich saßen unbeweglich an Leons Sterbebett, Tanja und Anni ließen uns eine Weile allein. Wir hatten nicht geredet, saßen stumm beieinander und schauten abwechselnd auf den Monitor. Seine Sättigung und sein Puls fielen plötzlich radikal. Angst durchströmte meinen Körper, ich hielt es nicht aus und verließ den Raum.

Mein Mann blieb bei ihm und auch Dr. H. ging wieder ins Zimmer hinein. Anni und ich saßen auf Stühlen draußen im Flur. Eine Krankenschwester kam und setzte sich zu mir, sie ließ mich erzählen, hörte zu. Wahrscheinlich um mich zu beruhigen, damit ich nicht durchdrehe oder auch mein Baby nicht gefährde, das noch in meinem Bauch war. Ich kann mein Verhalten bis heute nicht erklären, ich stand immer wieder vom

Stuhl auf, schaute ins Zimmer hinein und fragte immer wieder: „Ist Leon jetzt tot?"

„Er wird sterben, richtig?", fragte ich total abwesend die beiden Schwestern, es gab keine Antwort, die brauchte es auch nicht.

Leon starb am 11. Januar 2010 um 14 Uhr. Zu diesem Zeitpunkt war ich hochschwanger mit Adrian, meinem vierten Kind. Als Leons Beerdigung war, wollte ich es immer noch nicht wahrhaben. Morgen besuche ich Leon im Krankenhaus, er kommt bald wieder, dachte ich. Doch Leon blieb weg und meine Trauer steigerte sich trotzdem nicht. Adrian gebar ich am 29. Januar. Keiner beglückwünschte mich, es gab nur „herzliches Beileid".

Lass mich, lieber Gott, sterben. Dieser Satz beschäftigte mich immer wieder in der Trauerzeit. Lass mich zu Leon gehen. Es fühlte sich nach der vergangenen Zeit so falsch an, doch ich fühlte, meinem Engel geht es gut, das gab mir Hoffnung.

Meine Kraft erhielt ich durch meine Kinder und meinen Mann, ihnen allen verdanke ich meine Trauerbewältigung und dieses Buch.

www.tredition.de

Über tredition

Der tredition Verlag wurde 2006 in Hamburg gegründet. Seitdem hat tredition Hunderte von Büchern
veröffentlicht. Autoren können in wenigen leichten
Schritten print-Books, E-Books und audio-Books publi-
zieren. Der Verlag hat das Ziel, die beste und fairste
Veröffentlichungsmöglichkeit für Autoren zu bieten.

tredition wurde mit der Erkenntnis gegründet, dass
nur etwa jedes 200. bei Verlagen eingereichte Manu-
skript veröffentlicht wird. Dabei hat jedes Buch seinen
Markt, also seine Leser. tredition sorgt dafür, dass für
jedes Buch die Leserschaft auch erreicht wird

Autoren können das einzigartige Literatur-Netzwerk
von tredition nutzen. Hier bieten zahlreiche Literatur-
Partner (das sind Lektoren, Übersetzer, Hörbuchspre-
cher und Illustratoren) ihre Dienstleistung an, um Ma-
nuskripte zu verbessern oder die Vielfalt zu erhöhen.
Autoren vereinbaren unabhängig von tredition mit Lite-
ratur-Partnern die Konditionen ihrer Zusammenarbeit
und können gemeinsam am Erfolg des Buches partizi-
pieren.

Das gesamte Verlagsprogramm von tredition ist bei
allen stationären Buchhandlungen und Online-
Buchhändlern wie z. B. Amazon erhältlich. E-Books
stehen bei den führenden Online-Portalen (z. B. iBook-
store von Apple) zum Verkauf.

Seit 2009 bietet tredition sein Verlagskonzept auch als sogenanntes "White-Label" an. Das bedeutet, dass andere Personen oder Institutionen risikofrei und unkompliziert selbst zum Herausgeber von Büchern und Buchreihen unter eigener Marke werden können.

Mittlerweile zählen zahlreiche renommierte Unternehmen, Zeitschriften-, Zeitungs- und Buchverlage, Universitäten, Forschungseinrichtungen, Unternehmensberatungen zu den Kunden von tredition. Unter www.tredition-corporate.de bietet tredition vielfältige weitere Verlagsleistungen speziell für Geschäftskunden an.

tredition wurde mit mehreren Innovationspreisen ausgezeichnet, u. a. Webfuture Award und Innovationspreis der Buch-Digitale.

tredition ist Mitglied im Börsenverein des Deutschen Buchhandels.

Zeitfracht Medien GmbH
Ferdinand-Jühlke-Straße 7
99095 Erfurt, Deutschland
produktsicherheit@kolibri360.de